Die kleine Königin

von Maria Krammer

D1930934

VERLAG
W.F.SCHLAGER
SCHARNSTEIN

Die kleine Königin

von Maria Krammer

Liebe Helene,
ich danke Dir für Dein Sehen, Dein Wissen und
die Weitergabe an mich.
Dadurch ist es mir gelungen,
meine bisherige Geschichte in seiner Ganzheit zu sehen
und auf Papier zu bringen.

Wir sind mit allem und jedem verbunden!

Deine Eulenschwester

VERLAG
W.F.SCHLAGER
SCHARNSTEIN

Druck und Verlag Walter F. Schlager

Grubbachstraße 27

4644 Scharnstein – Österreich

Tel./Fax: 07615/2197

1. Auflage

ISBN: 978-3-9501380-7-8

Bücher im Internet: *www.almtalonline.at*

VERLAG

W.F.SCHLAGER
SCHARNSTEIN

Die kleine Königin

von Maria Krammer

1. *Die kleine Königin auf der Suche nach den Sternen*
2. *Die kleine Königin wird erwachsen*
3. *Die kleine Königin wird Mutter*
4. *Die kleine Königin lernt fliegen*

1. Kapitel

Die kleine Königin auf der Suche nach den Sternen

Es war einmal ein Mann und eine Frau, die hatten schon zwei Kinder.

Der Mann arbeitete von früh bis spät, um gut für seine Familie zu sorgen. Sie hatten ein Dach über dem Kopf und mussten im Winter nicht frieren, es gab genug zu essen und sogar Butter war im Kühlschrank.
Der Mann hatte einen kräftigen, gesunden Körper, zwei starke Arme und er war ein sehr guter Handwerker mit einem guten Herzen.

Die Mutter hatte ein großes Herz, sie war gerne Mutter und gab den Ihren Herzenswärme und Geborgenheit. Sie war ihren Kindern eine liebevolle Mutter und ihrem Ehemann eine gute Frau.
Es dauerte nicht lange und die Mutter trug abermals Leben unter ihrem Herzen.
Und wieder waren die neun Monate Schwangerschaft beschwerlich, denn Tag für Tag krampfte sich der Mutter Magen.

Immer und immer wieder und das jetzt schon das dritte Jahr hindurch!
So kam es, dass die Frau am Ende des Tages völlig erschöpft und am Ende ihrer Kräfte war.
So wie der Vater, war auch die Mutter sehr fleißig und irgendwie war es doch immer wieder möglich, die viele Arbeit zu schaffen.
Am nächsten Morgen konnten die von Hand gewaschenen und im hohen Kessel ausgekochten Stoffwindel der ein- und zweijährigen Kinder mit dem Bügeleisen geglättet werden. Es war ein schweres, eisernes Bügeleisen, das am Herdfeuer erhitzt werden wollte.
Das Feuer brannte im Ofen der Küche und im Ofen des Wohnzimmers und war immer hungrig. Und das Holz dafür wollte zuerst vom Keller unzählige Stufen hinauf in den vierten Stock getragen werden. Das Feuer durfte nie ausgehen, denn dann würde es schnell bitterkalt werden.
Die beiden kleinen Kinder waren hungrig und wollten gefüttert, gewickelt und getragen werden.
Viele Stunden des Tages und der Nacht hatte die Frau wirklich alle Hände voll zu tun!
Es blieb nicht viel Zeit für Schlaf übrig.

In diese Familie hinein – mitten in den goldenen Herbst, in einer sternenklaren Nacht - wurde die kleine Königin geboren:
Doch die Mutter konnte ihr Töchterlein nicht lange ansehen, denn schon nahm man ihr erschrocken das kleine Bündel wieder weg.
Ein geheimnisvoller Ausschlag bedeckte die Haut des gerade erst geborenen Mädchens und so trug man die kleine Königin lieber fort von all den Menschen.
Auf keinen Fall durfte sie eine Gefahr für andere sein und niemanden anstecken, mit dieser, ach so furchtbar, kranken Haut!

Nicht einmal mit ihrer Milch durfte die Mutter ihr Kind nähren.
Sie durfte die kleine Königin nicht an ihrer Brust trinken lassen.
Und sie durfte die kleine Königin nicht an ihr liebendes Mutterherz drücken.
Die Mutter war sehr traurig und voller Sorge um ihr Kind.

In das Zimmer der kleinen Königin schien der Mond und die Sterne funkelten hell und klar. Nacht für Nacht besuchten sie die kleine Königin und versuchten, so die Einsamkeit mit ihr zu teilen und ihr ein bisschen Trost zu bringen.

Doch vergebens: Das Menschenkind schrie sich die Seele aus dem Leib und wollte zu ihrer Mutter und die Mutter wollte zu ihrem Kinde.

Es wurde ihnen verwehrt und sie litten beide von Anfang an.

Niemand im Land wusste Rat.
Es halfen keine Ärzte, keine Salben, keine Bäder.
Auch als die kleine Königin schon laufen konnte, brannte ihre Haut wie Feuer und die Nächte brachten kaum Schlaf, denn der ganze Körper schien sich in eine einzige juckende Fläche zu verwandeln. Und wenn die Haut schon wund und blutig vom vielen Kratzen war, so juckte es die kleine Königin tief drinnen im Fleisch immer noch und sie wusste nicht was quälender war: das Brennen oder das Jucken.
Jede Nacht bekam sie weiße Zwirn-Handschuhe angezogen, um sich nicht die Haut herunterzuscheren, doch es half alles nichts:
Am nächsten Morgen waren wieder tiefe Kratzspuren im Gesicht, am Hals, an den Händen, in den Ellenbeugen, am Rücken und am Bauch. In die Kniekehlen haben sich mit der Zeit tiefe, wunde Löcher eingegraben.
Es war zum Verzweifeln!

Und obwohl Mutter und Vater ihre ganze Kraft aufbrachten und die kleine Königin nächtens stundenlang durch die Wohnung trugen, trösteten und abzulenken versuchten, das Kind wollte einfach aus der Haut fahren...

Als die kleine Königin ungefähr zweieinhalb Jahre alt war, hatten sie und ihre Geschwister Keuchhusten.
Was das Zeug hielt wurde jetzt monatelang gehustet und gehustet. Tag und Nacht.
Vielleicht würde Luftveränderung helfen und die Kinder würden dadurch wieder ganz gesund werden?

Der Vater nahm sich frei und fuhr mit seiner Frau und den drei kleinen Kindern auf eine Almhütte hoch oben am Berg.
Die Geschwister erholten sich dort schon bald, doch der kleinen Königin ging es immer noch nicht besser.

Denn aus dem Keuchhusten war Asthma geworden.

Zu der juckenden Haut kam also auch noch die viele Atemnot hinzu und die kleine Königin war sehr, sehr traurig, wenn andere Kinder herumtollten und sie nicht mitspielen konnte.

Denn es war ihr, als säße da jemand Böses in ihren Lungen, umschloss diese mit schwarzen Riesenhänden und quetschte und drückte so fest, dass Luft weder hinein noch heraus wollte. Und dabei tat es auch noch so fürchterlich weh!
Es war ein schlimmer Kampf, der da gekämpft werden musste.
Die kleine Königin war sehr tapfer und kämpfte sehr oft um ihr Leben.
Und sie fragte sehr oft „Warum?"

„Warum bin ich nicht so wie die anderen?"
„Warum hat der liebe Gott das nicht aufgeteilt?"
„Wenn ich schon keine Luft kriegen kann, dann könnte doch meine Schwester die juckende Haut haben und mein Bruder die kranken Augen!"
Die Augen der kleinen Königin hatten einen Sehfehler. „Ich mag keine verpickten Augen mehr haben! Ich mag zwei Augen haben, die alles sehen können, ich mag Augen haben, denen ich anschaffen kann, wohin sie sehen sollen", stampfte die kleine Königin zornig.

„Ich mag, dass mich die anderen nicht mehr verspotten, ich mag, dass es aufhört zu beißen und ich mag endlich genug Luft kriegen!"
„Es ist ungerecht, dass ich das alles habe und die anderen nichts, das ist gemein!"

Die kleine Königin tobt und schreit und vor lauter Aufregung wird ihre Haut ganz heiß und beginnt zu jucken, ihre Lunge verengt sich und sie beginnt um Luft zu ringen.
Und aus ihren kranken Augen rinnen Bäche voll Tränen.
Die kleine Königin will sich nicht beruhigen lassen, von all diesen Menschen, die alle so gesund sind, die gar nicht wissen können, wie es da bei ihr ganz drinnen aussieht.
Das Herz zerspringt ihr fast, da ist soviel Trauer und keine Freude, soviel Angst und keine Hoffnung, soviel Unsicherheit und keine Sicherheit, soviel Hunger nach Unversehrtheit, soviel Nicht-verstehen-Können und soviel Kummer.

Aber aus dem Mund heraus kommt nur Wut, Zorn und Eifersucht!
Mutter, Vater und die Geschwister haben es nicht leicht mit ihr – und wenn sich die kleine Königin wieder einmal in den Schlaf weint, weil

sie so traurig ist und vom lieben Gott dort oben so enttäuscht, dann denkt sie:
„Wenigstens geärgert habe ich sie, die alle, denen es so gut geht!“ Und dabei spürt sie ganz tief drinnen in ihrem Herzen, dass das ihrer geschundenen Seele auch nicht gut tut, und so kommt das Gefühl der Schuld auch noch hinzu in ihr kleines Herz und sie wird noch unglücklicher…

…und sie möchte, dass die Sonne nie mehr aufgeht…
…denn dann müsste sie nie wieder aufstehen, nie wieder leiden und nie wieder kämpfen.

Aber der liebe Gott schickt der kleinen Königin in ihren Träumen viele Visionen. Visionen von einem schönen Leben, von Glück, Unbeschwertheit und Freude.
Morgens wenn sie aufwacht, fühlt sie sich wieder stark.
Und das fühlt sich gut an und sie ist wieder neugierig auf den neuen Tag.
Überhaupt redet die kleine Königin in Gedanken viel mit dem Himmel, mit den Schutzengeln, mit Jesus, mit den Tieren, mit dem Wind. Sie bittet oft um Zeichen vom Himmel und fast immer spricht der Himmel zu ihr. Sie sieht Dinge, die sonst keiner sieht und

sie weiß Dinge, von denen andere keine Ahnung haben.

Die kleine Königin ist reich an Schätzen, die nur sie sehen kann.
Und die kleine Königin hat eine Gottesmutter im Himmel, die so heißt wie sie selbst und zu der sie Dinge sagen kann, die sie ihrer Erdenmutter nicht zumuten mag.

Und so erlebt die kleine Königin auch sehr viel Schönes.

Viele Stunden des Tages werden im Freien verbracht, manchmal wird sogar in den Nächten am Balkon geschlafen und vom Himmelszelt funkeln dabei unzählige Sterne.
Denen beim Glänzen zuzusehen, das macht direkt schwindelig – vor lauter Freude!
Die kleine Königin hüpft in Gedanken von einem Stern zum anderen.
Sie kann ganz weit springen und fliegen.
Und alles ist ganz mühelos.
Fliegen ist das Allerschönste.
Sie breitet die Ärmchen aus und schwupps, schon fliegt sie. Der Wind strömt in ihre gemarterten Lungen und die Haut wird kühl und hört auf zu jucken.

So schön ist es dort oben im Himmel bei den Sternen und alles ist so einfach, niemals muss sie im Himmel kämpfen, da ist alles ganz mühelos.
Aber das behält sie lieber für sich.
Das sind ihre geheimsten Träume, die, die sie am Leben erhalten und sie hat Angst, wenn sie davon sprechen würde, dass die Hoffnung schwindet und sich nicht mehr wieder finden lässt.
Es ist ihr ganz großes Geheimnis und die Engel verraten sie bestimmt nicht! Nein, ihre Himmelsfreunde verraten die kleine Königin ganz bestimmt nicht!

Auf Erden hat die kleine Königin Geschwister und auch Freunde zum Spielen und so mancher Streich wird ausgeheckt.
Die Kinder schleichen sich an den in seinem Keller-Abteil bastelnden, freundlichen Nachbarn heran und drehen blitzschnell den Schlüssel im Schloss um. Da steht er nun, der bärtige Mann, immer noch freundlich und gegen Herausgabe eines Glases Essiggurkerls darf er auch wieder in die Freiheit…
…es macht nichts, wenn der Essig auf den zerkratzten Ausschlagshänden unbarmherzig brennt – die Gurken schmecken einfach zu köstlich!

Die Kinder pflücken unzählige Kletten und veranstalten eine „Klettenschlacht".
Das ist sehr lustig - bis zum Abend, wenn es Frisieren heißt, und oft bleibt nichts anderes übrig, als die Schere zur Hilfe zu nehmen. So haben sich Kletten und Haar ineinander verfilzt: „Macht nichts, den Spaß war es wert", denkt die kleine Königin glücklich!

Räuber und Gendarm;
Wassermann mit welcher Farbe darf ich über's Meer?;
Schneider, Schneider leih' mir deine Schere ...und ...und ...fad' war der kleinen Königin und ihren Freunden nie!
Das Spielen in der freien Natur war ganz wunderbar.
Hungrige Spinnen wurden mit Fliegen gefüttert und man konnte hinter unzähligen Schwärmen von Schmetterlingen nachjagen. Die riesigen Schwalbenschwanz-Falter wurden genauestens beobachtet und zu Hause nachgezeichnet.

Das machte hungrig und durstig und die beste aller Mütter versorgte alle.
Die Kinder haben „Sturm geläutet" und Mutter hängte aus dem vierten Stock einen kleinen Korb mit Wasser, Äpfeln und Zwieback und ließ ihn an einer langen Schnur bis zur Erde

hinunter! Es war, als ließe Rapunzel ihr langes Haar herunter!
Besonders für die kleine Königin war es viel einfacher, nicht in den vierten Stock hinaufgehen zu müssen, denn beim Stiegensteigen bekam sie nie genug Luft, da war es eine echte Erleichterung, wenn Essen und Trinken vom Himmel herab schwebten!

Der Dreirad fahrende Eismann hatte das beste Eis der Welt.
Schon von weitem hörte man die Fahrradglocke. Die Kinder rannten dann zur Haustüre und klingelten abermals „Sturm“.
Sie bettelten um Geld und mit treuen Augen versprachen sie, dafür auch nie wieder streiten zu wollen. Die beste aller Mütter glaubte zwar nicht wirklich daran, schmiss aber trotzdem Eisgeld aus dem Küchenfenster und es regnete Schillinge vom Himmel.
Wenn der Eismann dann klingelnd um die Ecke bog, haben die Kinder mit dem Geld in der Hand schon gewartet.
Die große, bauchige Abdeckglocke über dem Eisvorrat glänzte ganz silbern und königlich in der Sonne und wenn der Eismann diese weg hob, dann lief allen schon das Wasser im Munde zusammen…mhhh lecker… Vanille, Erdbeere und Schokolade!

Wenn die Kinder von der Schule nach Hause kamen, duftete es schon im Stiegenhaus nach Essen und alle hungrigen Mäuler wurden immer satt!
Mutter machte oft einen ausgezogenen Apfelstrudel und sie tat gut daran, viele, viele Äpfel vom Kerngehäuse zu befreien und in Spalten zu schnipseln.
Denn sechs kleine Hände schaufelten die mundgerecht her geschnittenen Stückchen blitzschnell in den Mund und erst nach unzähligen Äpfeln blieb auch endlich etwas für den Strudel übrig.
Der Strudel, der von Mutter so gekonnt dünn ausgezogen wurde, so dass deshalb die Maserung des Küchentisches durchschien!
Der kleinen Königin saß - wie so oft, wenn es ihr gut ging - der Schalk im Nacken und blitzschnell hat der kleine Finger ganz von selbst ein Loch in den Teig hineingebohrt und die Apfel-Zucker-Sauerrahm-Zimt-Fülle quoll hervor…
…und verschwand schmatzend im unschuldigen Schleckermäulchen.

Der Sommer verging und es wurde Herbst.
Mit langen Stangen haben die Kinder Kastanien von den Bäumen geholt und die schwere Beute in Decken nach Hause geschleppt.
Mit Hingabe wurden mit dem Spitzbohrer kleine Löcher in die Kastanien gedrückt – und weil es keine Zahnstocher gab – entstanden mit Zündhölzern ohne Schwefelköpfchen eine Igelfamilie und Giraffen und...und...und

Der Küchentisch war nicht nur zum Essen da, es war auch der Basteltisch.
Mutter hatte eine Engelsgeduld und die Kinder und oft auch die Nachbarskinder haben den Tisch mit selbst gemachtem Waschpulver-Spülmittel getränkt. Angeschnittene Strohhalme dienten als Blasrohr und so sind ganze Schlösser und Burgen mit Geschichten entstanden, bis diese wie eine Seifenblase zerplatzten.

Strohhalme dienten auch als Blasrohr-Betäubungsmittel für wilde Urwaldtiere.
Die kleine Königin war zu Hause auf Safari.
Mit ihrem großen Bruder gemeinsam haben sie auf allen Vieren die wilden Tiere (die große Schwester) erbeutet...

Die Herbststürme ließen nicht nur die Drachen in den Himmel steigen, sondern brachten für die kleine Königin auch besonders viel Luft.
Mit aller Kraft, so dass der Wind sie nicht umblasen konnte, stemmte sich das kleine Mädchen mit weit geöffneter Nase und Mund gegen die Windrichtung!

Ganz mühelos gelangte so eine besonders große Portion Sauerstoff in ihre Lungen…
…tat das gut…
…endlich…endlich… war genug Luft da!

Die kleine Königin tanzte vor Freude!

Die kleine Königin hatte viele Lieblingsmärchen.
Wenn sie wieder zu krank war um zu spielen oder zur Schule zu gehen, waren die Märchen ihre besten Freunde.

Da war sie dann wie Schneewittchen, Rotkäppchen oder Dornröschen.
Sie hat einen Froschkönig gefunden, aufgehoben und nach Hause getragen.
Oft aber fühlte sie sich auch wie das kleine hässliche Entlein. Und trotzdem wusste sie ganz tief in ihrem Herzen, dass sie irgendwann einmal ganz sicher der allerschönste Schwan werden würde. Und zwar der einzige Schwan mit einer Königinnenkrone! Und die würde in der Sonne funkeln, wie tausend Sterne!
Für all die Mühsal und den Kummer, den sie auf Erden ertragen musste, würde sich Edelstein an Edelstein reihen!
Ach, freute sich die kleine Königin schon auf ihre goldene Krone!

Ihr Lieblingsmärchen aber war „Das Totenhemdchen“. Darin starb ein kleines Mädchen und die Mutter weinte und weinte und so fand die Kleine im Himmel keine Ruhe. Da stieg das Mädchen in der Nacht vom Himmel zu seiner weinenden Mutter herab und zeigte ihr, wie nass denn sein Totenhemdchen sei. Nass von den vielen Tränen der Mutter und darum fände sie im Himmel keine Ruhe. Die Mutter verstand und versuchte daraufhin, weniger zu weinen. Schon in der zweiten Nacht zeigte das verstorbene Kind voller Freude seiner Mutter wie viel weniger nass das Hemdchen jetzt sei und es nun endlich Ruhe fände.

Die kleine Königin konnte sich nicht satt hören an dieser Geschichte, ihre Mutter aber wollte diese gar nicht so gerne vorlesen.
Dabei fühlte sich die kleine Königin doch so verbunden mit dem toten Mädchen!
Sie wollte doch auch nicht, dass ihre Mutter wegen ihrer Krankheit so traurig sein musste!

Aber das behielt die kleine Königin lieber für sich.

Es gab Zeiten, wo die kleine Königin weder tanzen noch spielen konnte.
Sie konnte sich dann nicht einmal mehr in ihre Märchenwelt retten.

Mit abgestützten Ärmchen saß sie am Bettrand und rang um Luft.
All die Medizin half nichts und es war einfach nur schrecklich:
Der Atem rasselte beim Einatmen, es pfiff und brodelte beim Ausatmen.
Bei diesen unmenschlichen Geräuschen, die es da aus dem kleinen Körper presste, wurde es der kleinen Königin auch ganz eng ums Herz.
Sie musste um jeden einzelnen Atemzug kämpfen und die Angst vorm Ersticken schnürte ihr auch noch die Kehle zu.
Armes, kleines Menschenkind!

Die Mutter konnte für ihr gequältes Mädchen nichts tun und jede körperliche Annäherung von vorne war für das nach Luft ringende Kind nicht zu ertragen.
Da tat es nur gut, wenn Mutter hinter ihr saß und ihr ganz fest den Rücken rieb.
So wusste die kleine Königin, dass sie doch nicht alleine war.

Mit vor Todesangst geweiteten Augen flehte die kleine Königin ihre Familie an:
„Bitte schaut mich nicht so an - ich kann nicht mehr - ich kriege keine Luft!“

Manchmal wäre es der kleinen Königin lieber gewesen, es hätte sie in diesem Zustand niemand gesehen. Dann presste sie die Lider zusammen, um sich so besser konzentrieren zu können, auf den Todeskampf.

In diesen Stunden wurden die Geschwister ganz still und man wusste nicht, wer mehr zu erleiden hatte:
die Mutter,
die Tochter,
die Geschwister,
der Vater...

Da war nur noch unsägliches Leid von allen zu ertragen.
Warum?
Wofür?
Weshalb?

Vater hat den Schlüssel für ein Wochenendhaus in Tirol geliehen bekommen und es ging in Urlaub!
Was für seltene Zauber-Wörter:
Urlaub - verreisen!
Das war vielleicht eine Freude!
Damals gab es im Auto noch keine Sicherheitsgurte und die Ladefläche des Kombis wurde kurzerhand zur Spielstätte, aus Polster und Decken bestehend, umfunktioniert. Alleine schon die stundenlange Anreise war ein Abenteuer.
Und endlich, nach tausend Mal fragen:
„Wann sind wir denn endlich da?", ist die kleine Königin eingetaucht in eine andere Welt: In ihre Zauberwelt – die Natur!
Bei jedem Schritt wurde etwas Neues entdeckt: Wunder über Wunder, Farne, Vögel, Grillen, Würmer, Moos überall Moos, Äste, Rinden, Bäume, Käfer, Blumen so viele Blumen, Steine in allen Farben und Formen und Luft, soviel gute Luft!

Die Kinder haben Heidelbeeren gepflückt und Mutter hat daraus den köstlichsten Kuchen der Welt gebacken. Das Blech war im Nu leer gegessen. „Noch einen, noch einen!", haben sie gebettelt und am nächsten Tag wurde wieder nach Heidelbeeren gesucht!

Die Milch wurde in der Blechkanne noch kuhwarm vom Bauernhof geholt und die Butter schmeckte ganz anders wie zu Hause in der Stadt!
Die kleine Königin lief von Blume zu Blume, sie kam sich vor wie Rotkäppchen, nur dass ihr heute sicher kein böser Wolf auflauerte!
Sie war glücklich und drehte sich im Kreis!
Was hat der Himmel ihr da für ein großartiges Geschenk gemacht?
So nah waren die Sterne ja noch nie!

Seit die kleine Königin denken kann, liebt sie es, irgendwo hoch oben zu stehen.
Nicht nur, weil sie dort immer das Gefühl hat, oben wäre viel mehr und viel bessere Luft wie unten, nein, sie liebt es auch, einfach nur hinunter zu sehen!
Nur Schauen und Staunen:
Die Häuser und Straßen, alles so klein!
Die Autos und Züge fahren durch die Spielzeugstadt - im Schneckentempo!
Die Wiesen, Felder und Wälder so bunt wie ein farbenfroher Fleckerlteppich!
Bäche und Flüsse, dünn wie silberne Lametta-Fäden am Christbaum und große Seen, nur so klein wie Regenpfützen!
Kühe, groß wie Ameisen und den Wolken zum Greifen nah!

Hoch oben ist er immer da – ihr Wind!
Er bläst ihr die Haare aus dem Gesicht,
er kühlt ihr die heiße Haut,
er bringt ihr Luft zum Atmen und
er flüstert ihr seine Geheimnisse zu.

Es ist so still da oben am Berg,
so friedlich, so unendlich…

…wenn sie nachts zu den Sternen unterwegs ist, hat sie auch dieses Gefühl.
Frei zu sein und alles von oben sehen zu können!

Die kleine Königin muss sich beherrschen, nicht die Ärmchen auszubreiten und fliegend ins Leere laufen zu wollen.
Die kleine Königin weiß, dass die Menschen nicht fliegen können.

Warum nur hat sie dann so Sehnsucht danach?
So Sehnsucht, dass es im Herzen weh tut?
Schnell dreht sie sich um und läuft ihrer Mutter in die Arme.

Als der Urlaub zu Ende ist, hat die kleine Königin eine ganze Schatzkiste voll schöner Erinnerungen und einen Namen dafür:
Tirol, was für ein Zauberland!

Es ist ein ewiges Auf und Ab.
Eine Nacht hat viele Stunden und jede einzelne Minute kann so lange sein wie eine Stunde, in der die kleine Königin um Luft bettelt!
Keine Tablette, kein Spray – nichts hilft.
Sie fragt in diesen Nächten oft ihre Mutter:
„Mama, wann wird es endlich hell?"
Wenn es hell wird, kann Mama den Kinderarzt holen und der hat die rettende Spritze.
Bald darauf ist der Kampf vorüber, das Atmen wird leichter und die kleine Königin sinkt erschöpft zurück in ihr hoch aufgetürmtes Kissen.

Der Arzt legt den Eltern einen Tiroler Erholungsaufenthalt für ihr krankes Kind ans Herz – er kann den Gesundheitszustand der kleinen Königin nicht mehr mitverantworten. Und so willigen Mutter und Vater schweren Herzens ein.
Im Volksschulalter kommt die kleine Königin zwei Mal sechs Wochen lang auf Erholung – sie muss fort von zu Hause.

Zuerst freut sich die kleine Königin auch auf Tirol, aber sie erkennt bald, das ist nicht dasselbe Tirol, das sie kennt.
Ein Ort ohne Familie kann kein Zauberland sein!

Die kleine Königin ist schon Meisterin im Tapfer-Sein und so schafft sie es sogar, im Erholungsheim glückliche Momente zu haben!
Da gibt es Wiesen voller Enzian!
Es ist ein blauer Teppich voll von Blumen!
„Man kann ja darauf gar nicht laufen", denkt sich die kleine Königin. Und deshalb setzt sie vorsichtig einen Fuß vor den anderen, um diese Blütenpracht nicht zu zertreten!
Und Disteln, diese Silber-Disteln – das sind doch Sterne, die extra für sie vom Himmel gefallen sind und jetzt darf sie sie berühren! Wenn man sie ganz behutsam streichelt, dann stechen sie auch gar nicht!
Und die Kühe haben große Glocken um den Hals und schauen sie aus treuen, lange-Wimpern-Augen an. Manchmal kommen sie ganz nah zu der kleinen Königin, so nah wie sonst zu keinem Kind vom Erholungsheim!

Die kleine Königin dankt dem Himmel für diese Begegnungen und weiß, dass sind Zeichen vom Himmel und sie ist ganz sicher nicht allein gelassen auf dieser großen, weiten Welt!
Aber viel, viel schöner wäre es, wenn ihre Mama doch auch noch da wäre!
Und schon der Gedanke allein, schnürt der kleinen Königin die Kehle zu!
Heimweh!

Soviel Sehnsucht nach Mutters großem Herzen, trotz all dieser Schönheit!

Da im Heim sind viele gute Menschen.
Sie trösten die, die traurig sind und zeigen, wie einfach man schöne Sachen basteln kann.
Es gibt ganz viel buntes Papier und Uhu zum Kleben und jedes Kind darf eine eigene Schere benützen!
Und viele, viele Farbstifte in allen möglichen Farben! Ganz lange Buntstifte, keine kurzen Stummelchen, es sind lange, neue, solche die man viel besser greifen kann.

Und manchmal gibt es den besten Schokoladenpudding der Welt - im großen Suppenteller serviert - ein bisschen ein flüssiger und noch lauwarmer Pudding, mit einer gedünsteten Birne darunter!
Die kleine Königin bettelt, damit sie noch einen Teller voll davon essen darf!

Es gibt auch Dinge, die ihr nicht gefallen.
Zum Beispiel die Vormittagsjause:
Das ist sehr oft eine Tomate.
Die Tomate liegt groß, rot und rund und ohne Teller auf dem Tisch.
Sie muss wie ein Apfel gegessen werden.
Die kleine Königin mag keine Tomaten.

Der Saft davon brennt in den Wunden an ihren Ausschlagshänden und es brennt auch ganz fürchterlich in den wunden Mundwinkeln! Vor allem deshalb, weil man ja den Mund so weit aufmachen muss, damit man in die Tomate beißen kann.
Da reißt die gerade zu Heilen beginnende Haut wieder ein! Man kann das sogar hören, wenn die harte Hautkruste zuerst spannt, dann reißt und wieder blutig wird!
Das tut weh und die kleine Königin denkt sich: „Wenn ich selbst entscheiden darf, dann esse ich sicher keine Tomaten mehr!"

Oder einmal in der Woche ist Wasch-/Bade-Tag. Die Kinder müssen sich alle gleichzeitig im nebeligen Badezimmer ganz nackt ausziehen und vor der Wanne stehen bleiben und warten.
Der warme Raum ist nicht sehr groß und es sind viele Kinder darin. Zwangsläufig berühren sich die nackten Körper und es riecht furchtbar streng, grauslich, süßlich-schweißig-seifig und die Luft dampft heiß.
Es ist ganz still im Badezimmer.
Die Kinder versuchen, mit ihren Armen ihre Nacktheit zu bedecken!
Aber das Schlimmste kommt noch:

Nämlich dann, wenn man selbst zum Waschen an der Reihe ist!
Man muss in die Wanne steigen, muss stehen bleiben und darf sich nicht hinsetzen.
Die Tante seift den ganzen Körper ein und nimmt anschließend eine Reisbürste zur Hand!
So eine scharfe Holz-Borsten-Reisbürste, wie wenn Oma daheim am Bauernhof damit den Holzboden schrubbt!
„Ich bin doch kein schmutziger Fußboden“, protestiert die kleine Königin!
Sie will das nicht und sagt, das tut doch weh, auf ihrer kranken Haut!
Aber die Tante wird zornig und sagt, das muss sein und reißt zuerst den einen und dann den anderen Arm der kleinen Königin grob nach vorne. Dann wird Bauch und Rücken geschrubbt, später kommen die Beine dran und auf einem Fuß stehend hat die kleine Königin das Gefühl, den Boden unter den Füßen zu verlieren.
In Gedanken fällt sie ohnmächtig ins Bodenlose.
Die Tante schrubbt und schrubbt – die Haut von den Knochen - so zumindest fühlt es sich an!
Die kleine Königin hält die Luft an und macht sich ganz steif. Die vielen anderen Kinderaugen starren angsterfüllt auf sie und

die kleine Königin betet: „Lieber Gott, bitte, bitte mach, dass das bald vorbei ist!“
Später liegt sie in ihrem Bett – zitternd, die Haut noch immer glühendheiß und wund.
Sie traut sich gar nicht richtig zu atmen, nur ganz flüchtig, so dass sich der Brustkorb fast nicht hebt und senkt.
Die kleine Königin ist wie versteinert!
Sie will nicht mehr gesehen oder gehört werden.
Sie will unsichtbar sein, denn dann kann ihr niemand mehr auf der ganzen Welt irgendetwas antun.
Sie zieht sich die Decke über den Kopf und lautlos, damit sie nur ja niemand hört, rinnen ihre Tränen auf das Kopfpolster, so lange bis dieses ganz nass ist.
Das Totenhemdchen-Mädchen fällt der kleinen Königin ein, nur sind es bei ihr ihre eigenen Tränen, die sie nicht ruhen lassen.
An diesem Abend ist es der kleinen Königin, als wäre sie innerlich erstarrt.
„Es fühlt sich komisch an, bei lebendigem Leib versteinert zu sein“, denkt sie.
Es fühlt sich unmenschlich an; das hat sie noch nie gespürt.
Und sie sucht nach einem Wort dafür:
Eis – Eiseskälte.
„Ich bin innerlich erfroren“, denkt sie.

„Ich bin das Mädchen mit den Schwefelhölzchen“, weiß sie plötzlich ganz genau.
„Die Streichhölzer sind ausgegangen und jetzt bin ich erfroren. So einfach ist das also“, denkt die kleine Königin.

„Gut dass es vorbei ist!“, denkt sie erleichtert.

In dieser Nacht hat sie einen Traum:
Von Gott und der Welt verlassen, kauert die kleine Königin mit angezogenen, nackten Füßen auf einem großen Stein am Waldesrand.

Es ist unbeschreiblich kalt!
Das dünne Nachthemdchen ist schon steif gefroren, so bitterkalt ist es da in dieser finsteren Nacht.
Selbst die Sterne am Himmel funkeln nicht mehr und die Eiseskälte kommt nicht nur vom Boden, nein, die Luft, die Bäume, der Himmel, alles scheint mit Eis überzogen zu sein.
Und wäre der Stein nicht bemoost, so würde die kleine Königin daran festfrieren.

„So alleine“ - kommt ihr immer wieder in den Sinn und dann beginnt sie wie in Trance ihren kleinen Oberkörper hin- und herzuwiegen.
Sie wippt ganz langsam.
Vor und zurück - vor und zurück.
„Mama!“, ruft sie.
„Mama! Schaukle mich, Mama, wiege mich!“
„Mama - wo bist du?“

Und dabei spürt sie, dass ihr Herz doch noch nicht gefroren ist, sondern dass es vor Schmerz glüht, wie ein Haufen glühender Kohlen!

Unendlich lang sitzt sie so da und schaukelt hin und her, vor und zurück, so lange bis sie vor Erschöpfung nicht mehr kann.

Die kleine Königin wird immer kleiner und kleiner und ihr Flehen wird immer leiser und leiser.
Als ihr Wimmern schon fast verstummt, spürt die kleine Königin plötzlich durch die geschlossenen Augen hindurch, dass es Licht wird.
Und gut warm!
Plötzlich wird es ganz warm auf den eisigen, schon blau gefrorenen Zehen und den klammen Fingern!
Neugierig öffnet die kleine Königin die Augen.
Und dann sieht sie SIE.
Vom Himmel herab steigt SIE.
Das Licht baut Sprosse für Sprosse eine goldene Himmelsleiter.
Und darauf schreitet SIE.
Majestätisch.
Das ist das Schönste, was die kleine Königin je gesehen hat:
Eine echte Königin, umgeben von Licht und nichts als wieder Licht!
Sie ist so schön, so unglaublich schön, so würdevoll, und ihre Augen blicken so gütig, dass man darin versinken möchte!

Die Muttergottes trägt einen blauen Samtumhang, der bei jedem Schritt ein ganz klein wenig mitwippt.
„So dicken Samt gibt es nur im Himmel", denkt die kleine Königin ehrfürchtig und sieht, wie die heilige Maria immer näher auf sie zukommt.
Ganz langsam und behutsam geht sie auf die kleine Königin zu!
Das Licht der Sterne funkelt jetzt tausend Mal so hell wie sonst und die kleine Königin staunt und staunt.
Was für ein Schauspiel!
Die heilige Maria ist jetzt ganz nah bei der kleinen Königin und reicht ihr würdevoll die Hand.
Ganz mühelos, fast wie von selbst, ergreift das kleine Mädchen diese zarte Hand und erhebt sich anmutig und leichtfüßig vom Stein.
Und von Angesicht zu Angesicht blicken sie einander lange in die Augen und die kleine Königin spürt wieder diese Sehnsucht in ihrem Herzen:
Diesen Frieden.
Diesen Ort, an den sie sich nur manchmal erinnern kann.
Diesen Ort, diese Heimat, wo sie nicht weiß, wie man dort hingelangt.
Diesen Ort, den es trotzdem irgendwo gibt.

Sie weiß, dass sie von dort kommt.
Von dort, wo es keinen Kummer gibt und kein Leid, keine Trauer und keine Angst.

Als die kleine Königin - sie weiß auch nicht warum - zu weinen beginnt, breitet die Himmelsmutter den Mantel aus, macht Schirm und Schutz daraus und drückt das kleine Menschenkind an ihre Brust.

Die kleine Königin hat noch niemals zuvor gefühlt, wie gut sich Haut-Haben anfühlen kann. Bis jetzt war auf ihrer Haut immer alles kratzig, juckend, heiß/kalt, trocken, schuppig, blutig oder brennend gewesen – und jetzt das! Welch eine Überraschung!
So weich kann also Haut sein, wie Samt und Seide, kann sich Haut anfühlen!
Die kleine Königin wird ganz ruhig, da ist kein Widerstand mehr, kein Kämpfen, kein tapfer sein müssen.
Die kleine Königin ist endlich angekommen.

Und dann ist die kleine Königin aufgewacht – mitten in einem Kinderheim, hoch fiebernd und mit Schüttelfrost.

Während die anderen Kinder nach Draußen zum Spielen gingen, lag die kleine Königin krank in ihrem Bett, ganz allein in dem großen Zimmer mit den jetzt vielen leeren Betten. Dann und wann schaute eine Tante nach ihr und fragte, ob sie etwas möchte.
Aus dem Zimmerlautsprecher erklang immer und immer wieder das Lied: „Aber Heidschi Bumbeitschi… es schlafen am Himmel die Schäfelein… sie ziehen dahin am himmlischen Zelt, vergessen den Schmerz und den Kummer der Welt. Aber heidschi Bumbeitschi…… wirst sehen, wie schnell alle Sorgen vergehen…und bist du auch einsam und bist du allein, bald schau'n ja die Engel zum Fenster herein. Singen Heidschi Bumbeitschi bum bum… aber Heidschi…schlaf lange und ist auch deine Mutter fortgangen und ist sie fortgangen und kommt nicht mehr heim …und lässt ihr kleines Bübchen so allein…

Die kleine Königin weinte und weinte.
Sie war innerlich zerrissen.
Wo gehörte sie denn überhaupt hin?

Das laute Läuten des Telefons am langen Korridor riss sie aus ihrem Kummer!
Die Erdenmutter rief an!
Und die Erdenmutter fragte ihr Kind, wie es ihr denn gehe und ob sie nicht noch zwei Wochen länger bleiben möchte…
…denn die Tiroler-Luft tue ihrer Lunge doch so gut…

…und die kleine Königin begann zu Toben, zu Brüllen und zu Schreien!

Die Erdenmutter wollte doch nur das Beste für ihr Kind, aber das Kind konnte das einfach nicht verstehen…
Bald darauf kam die Familie mit dem Auto, um die kleine Königin wieder nach Hause zu holen.

Die kleine Königin war glücklich, überglücklich und wollte der Mutter ganz ganz viel erzählen. Sie sprang vor Freude umher, wie ein ausgelassenes Zicklein, das zum ersten Mal auf die Weide durfte.
„Hurra, heim, heim…ich darf wieder heim!“, frohlockte sie… und erstarrte beim Blick in den Auto-Innenraum:
Da lag ein kleines Menschbündel, liebevoll eingebettet und behütet in einer Tragetasche!

Der kleinen Königin stockte der Atem.
Sie zählte ihre Geschwister:
1 – 2 – 3.

Da waren drei Kinder im Auto und sie stand doch noch auf der Straße!
1 – 2 – 3.

Bis jetzt gab es doch noch gar keine Nummer 4!

„Ich bin zuviel, ich bin ersetzt worden“, dröhnte es im Kopf der kleinen Königin. „Mutter und Vater hatten schon drei Kinder zu Hause, drum wollten sie mich nicht mehr abholen, drum sollte ich noch dableiben!“

Die kleine Königin wollte aus der Haut fahren.
All das gute Zureden hat sie nicht gehört.
All die Worte der sie von ganzem Herzen liebenden Mutter sind im kleinen Kinderherz einfach nicht angekommen…

Denn da dröhnte und hämmerte es unbarmherzig:
1 – 2 – 3.

Eine ist zuviel!
Ich sollte nicht mehr nach Hause kommen!

Ich bin zuviel:
Zuviel Sorgen,
zuviel Kummer,
zuviel Arbeit,
die Doktoren für mich, kosten zuviel Geld!

Ich gehöre nicht mehr in diese Familie, dafür die neue kleine Schwester, die mit der rosigen, gesunden Haut und den gesunden Lungen und den schönen Augen!

Und in das Herz der kleinen Königin drang ein großer, spitzer, langer Dorn und die Lunge begann um Luft zu ringen.

So schnell geht das also, vom Glücklichsein zum Unglücklich-Sein.

Die kleine Königin behielt viel von dem was sie der Mutter erzählen wollte für sich...

Die Himmelsmutter hat sie nur im Traum beschützt und die Erdenmutter wiegt und schaukelt und nährt jetzt ein neues Kind.
Die kleine Königin wollte anscheinend niemand wirklich haben.
Nicht der Himmel und nicht die Erde.

Und überhaupt beschließt die kleine Königin jetzt, sich von der Erdenmutter gar nie mehr wirklich wieder richtig halten zu lassen.
Sie ist es leid, sie ist zu erschöpft.
Das viele Auf und Ab.
Jemanden lieb haben und dann wieder nicht.
Da ist es viel leichter, das zu hassen, was man sowieso nicht kriegen kann.
„Es tut einfach weniger weh zu hassen, als zu lieben", denkt sich die kleine Königin.
Und so hasst sie alle.
Alle, die sich ihre liebe Familie nennen.

Was man nicht liebt, kann man nicht verlieren.
Was man nicht liebt, braucht man nicht.
Was man nicht liebt, ist einem egal.

Die kleine Königin fühlt sich hasserfüllt und ist dabei bettelarm.

Doch die kleine Königin wäre nicht die kleine Königin, wenn sie nicht wieder Freude am Leben hätte.
Da ist so viel Lebensfreude in ihr und so viel Nicht-Unterkriegen-Lassen und es gibt so viel Schönes auf dieser Welt!

Und außerdem sieht sie Dinge, Himmelsdinge, die können die anderen gar nicht sehen und die gehören doch unbedingt weiter erzählt:

Sie sieht den großen Schutzengel mit den laaaaangen Flügeln, es war der linke Flügel, der Bruder und Schwester noch schnell von der Straße fegte, noch bevor das Auto da war…
…sie sieht die vielen Tiere und sie weiß, was sie denken…
…und der Wind erzählt ihr was vom unbekannten Morgen…
…und die Blumen recken ihr die Köpfchen entgegen, und wollen einfach nur gesehen werden und dafür ein Lächeln von der kleinen Königin erhalten…

Und die Welt ist voll von Dingen, die es noch zu erforschen gilt.
Und überhaupt ist die kleine Königin ganz oft ganz glücklich.

So oft wie sie unglücklich ist, so oft ist sie auch glücklich.
„Und somit ist das wenigstens kein Verlust-Geschäft“, denkt sie.
„Ich werde einmal eine tüchtige Frau.“
„Ich kann die Dinge gut in der Waage halten.“

Und diese Stimme, ihre Bauchstimme, die war sowieso immer schon da.
Sie weiß, das ist sie selbst.
Sie ganz selbst, heil und gesund.
Sie ganz alleine.
Sie, die starke, die mutige, die fröhliche, die ganz bestimmt nicht arme Königin!

Das muss das Himmelslicht in ihr sein, das alles weiß, Warum und Wofür, und alles liebt.
Und sie weiß, dass das ein ganz kostbarer Diamant ist, den sie da in ihrem Bauch hat!
Ein so großer und wertvoller Edelstein, der hat ja nicht einmal auf ihrer Krone Platz!
Drum trägt sie ihn auch ganz innen drinnen und sie kann ihn funkeln spüren.
Nicht immer spürt sie ihn, aber immer und immer wieder.
Die kleine Königin weiß, sie ist eine reiche Königin, sie hat einen riesengroßen Diamanten und ein Land das sie von oben sehen kann...

Die Kinder-Freunde sind gerne am Friedhof, gleich neben dem Elternhaus. Da drinnen ist es so schön still und beim Denkmal brennen sehr viele Kerzen.
Kerzenlicht riecht gut.
Aber viele Kerzen sind schon ausgebrannt und so schütten die Kinder das flüssige Wachs von den noch brennenden Kerzen ganz vorsichtig in die schon ausgebrannten Kerzenhüllen.
Die Streichhölzer geben einen guten Docht ab und die Kinder produzieren so viele kleine Kerzen.
Sie tragen die neuen Kerzen auf jene Gräber, auf denen kein Licht brennt...und plötzlich leuchten auf Erden viel mehr Sterne.

Eines Tages kommt ein großer Mann auf die Kinder zu. Er hat einen Fotoapparat in der Hand und bittet die Kinder, sie fotografieren zu dürfen. Er meint: „Dort hinten" - und zeigt mit seinem langen, knochigen Arm auf die hohe Hecke – „dort hinten wäre ein guter Platz."
Und die Kinder sind folgsam.
Sie sind froh, dass der Mann sie wegen der Kerzenbastelei nicht schimpft und sie stellen sich in einer Reihe auf, so wie der Mann das gerne haben möchte. Dann geht der Mann zu dem größten der Mädchen und tut, als wolle er ihr das Röckchen zurechtrücken.

Der kleinen Königin klopft das Herz bis zum Hals!
Plötzlich sieht sie den Mann, wie dieser wirklich ist:
Er ist in Wirklichkeit nicht freundlich.
Die Augen sind nicht gütig, sondern durchbohren stechend.
Der Mann ist ganz schwarz angezogen und will mit seiner riesengroßen Hand nach ihrer Freundin packen!
Der Mann hat böse Absicht!

Alle Kinder sind ganz starr vor Schreck.
Die kleine Königin sieht schon deutlich, was der Mann tun wird wollen und ihre Bauchstimme schreit voller Schreck und ihr Mund beginnt wie von selbst zu schreien:

„Kommt! Kommt! Schnell! - Wir laufen weg!"
Und die kleine Königin beginnt zu laufen, als wäre der Teufel hinter ihr her und die anderen Kinder laufen hinter der kleinen Königin her.
Sie rennen und rennen, und erst bei ihren Müttern fühlen sie sich wieder sicher.
Die Polizei kommt - und die Kinder werden getrennt voneinander befragt und sollen Fotos von vielen Männern ansehen – die Aussagen der Kinder werden sehr ernst genommen.

Überhaupt ist alles sehr ernst und kein Spaß, kein Schabernack.

Es sind die Augen, diese stechenden Augen, die die kleine Königin beim Anschauen der Fotos wieder durchbohren wollen – die Augen, die sie am Friedhof angestarrt haben.
Die Augen am Foto versuchen die kleine Königin schon wieder einzuschüchtern.
„Ich halte das aus, ich bin stark“, denkt sie.
„Ich weiß was richtig ist, die Liebe sagt es mir. Ich kann deinem Blick standhalten, auch wenn ich mich vor dir fürchte, denn du bist doppelt so groß wie ich!“
„Die Liebe ist stärker wie das Böse“, sagt nun auch ihr Bauch und der Diamant in ihr beginnt zu funkeln.
„Ich habe die Liebe! Ich bin mächtig! Ich schaue nur klein aus, aber in Echt bin ich riesengroß und ich sehe, wie du dich jetzt vor mir fürchtest“, denkt die kleine Königin in diese stechenden, Furcht einflößenden Augen hinein.
Der Mann auf dem Foto ist inzwischen ein Häufchen Elend geworden – er tat der kleinen Königin direkt leid, aber es war gut so wie es war.
„Er darf nicht andere verletzen, die nicht so stark sind wie ich“, denkt die kleine Königin.

„Ich bin nicht nur Königin.“
„Ich bin auch Löwin, ich kann brüllen, so laut, dass sich alle fürchten!“
„Ich kann gut mutig sein, in mir funkelt das Licht!“

Abends vorm Einschlafen denkt sie:
„Ich bin stark und doch so verletzlich“ – und die kleine Königin schluchzt ganz erbärmlich.
„Hass und Liebe, liegt das denn so nah beieinander? Die Liebe tut so gut. Und wenn man das doch weiß, warum mag man diese dann manchmal überhaupt nicht?“
„Ich will mich verkriechen in einen Umhang voll blauem Samt und die Erdenmutter soll ihn tragen – ich will wieder ganz zu ihr!“

„Die Liebe hat Flügel, ich will mit ihnen fliegen“, denkt die kleine Königin, „ich will mich fallen lassen und dabei nicht abstürzen, warum nur muss ich denn immerzu so viel kämpfen?“

Die kleine Königin weiß es nicht und sie ist so müde!
Es ist ihr aber heute auch klar geworden, dass die Erdenmenschen sie gut brauchen können!

Sie kann gut für andere sorgen, sie ist auf dem Weg eine gute Königin zu werden, denn sie mag sich einsetzen für andere.
Nur deshalb, weil dann der Diamant in ihrem Bauch zu funkeln beginnt.
Und das ist, als bekäme man Flügel geliehen.
Es ist eigentlich ganz leicht, wenn man weiß, wie's geht.
Es ist leicht auf den Bauch zu horchen, wenn das Herz sich nicht sträubt.
Es ist unmöglich auf den Bauch zu horchen, wenn das Herz Eis ist.
Die kleine Königin ist Kind, aber manchmal ist sie schon ein bisschen weise.

Manchmal muss sie sehr tapfer und mutig sein, um ihren Weg zu gehen.
Sie versteht vieles nicht und dann fragt sie den Wind um Antwort:

„Du musst Geduld haben, kleine Königin, du bist etwas ganz Besonderes, du kleine Königin, du", bläst ihr der Wind ins Gesicht.
„Es ist oft so mühevoll, so schwer – manchmal kann ich es fast nicht mehr ertragen, warum nur ich?", zweifelt sie.
Der Wind trocknet ihre Tränen und flüstert ihr zu:

„Du bist eine Königin und wenn du am Ziel bist, bist du einfach nur glücklich. Immer und immer wieder. Ganz oft ganz glücklich."
„Deine Seele kann, wann immer sie mag fliegen und du bist auch wie eine Löwin, die sich in der Sonne räkelt, oder im Baumschatten. Du kannst dich zurücklehnen und genießen.
Du brauchst dann nicht mehr kämpfen und brüllen - du bist dann frei!"

Die kleine Königin kann es gar nicht erwarten, bis es leicht wird.
Wird es leicht, wenn sie erwachsen ist? Manchmal glaubt sie, das stimmt alles nicht, sie träumt das nur und gelangt nie ans Ziel.

Die kleine Königin ist im Krankenhaus, nicht in Oberösterreich, nicht in Tirol – diesmal ist sie in Salzburg.
Die Ärzte haben wieder einmal versucht, ihre Augen geradezubiegen.

„Das ist wirklich schlimm, wenn beide Augen verbunden sind und man dadurch gar nichts sehen kann“, denkt die kleine Königin.
So ist also blind sein.

Als der Verband herunter kommt, denkt sie: „Das ist wirklich schlimm, wenn das Weiße von den Augen ganz blutig ist, das sieht wirklich schlimm aus.“
„Aber nicht so schlimm, wie wenn man gar nicht’s sehen würde“, denkt die kleine Königin.

„Das ist schlimm, wenn man die Augen rollen muss, auf der Augen-Ambulanz von links nach rechts und von rechts nach links und von oben nach unten und von unten nach oben.
Es fühlt sich an, als steche jemand ein Messer in die Augenhöhle hinein und die Klinge wird auch noch drinnen drumherumgedreht.
Das tut wirklich weh.“

„Aber wenn man zu Rollen aufhören darf, dann hört das Wehtun auch wieder auf", denkt die kleine Königin, „das kenne ich schon, das Wehe vergeht dann schnell wieder."

Verletzungen verursachen Narben am Körper. Bei Verletzungen auf der Seele kann man keine Narben sehen, aber sie tun trotzdem noch viel mehr weh.

„Da sind Operationsnarben schon besser", tröstet sich die kleine Königin selbst.
„Sie sind da wo sie sind, manchmal auch ziemlich lästig, weil sie jucken oder wehtun. Aber sie erinnern auch, dass es nicht selbstverständlich ist, sehen zu können."
Sie konnte leicht glücklich sein, sie war ja nicht blind!
„Eigentlich muss man froh sein, überhaupt ein Auge zu haben", denkt die kleine Königin. Sicher zwei wären noch viel besser, aber das ist auch nicht wirklich hilfreich für die kleine Königin.
Denn wenn sie mit beiden Augen schaut, sieht sie lauter Doppelbilder.
Da stehen also 2 Tassen am Tisch, obwohl nur eine Tasse steht.

Die kleine Königin kann jetzt raten, welche Tasse wohl die Echte sein wird. Greift sie auf die falsche zu, so greift sie ins Leere.
Greift sie auf die richtige Tasse, so schüttet sie wahrscheinlich den Inhalt aus, weil sie es nicht abschätzen kann, wo etwas wirklich steht.
Außerdem haben die Menschen zwei Köpfe, aber nur drei Augen.
Das ist eine sehr komische Welt.

„Alles täuscht mich sehr, ich kann mich nicht darauf verlassen, welches Bild das richtige ist, denn das falsche Auge ist oft viel schärfer eingestellt, wie das richtige. Ich weiß das, ich habe das oft und oft ausprobiert."

„Ich muss also ein Auge hergeben, damit ich klar sehen kann", denkt die kleine Königin.

Die Bauchstimme versucht zu verhandeln:
„Schau kleine Königin, du hast viele Augen im Bauch, die sehen ganz scharf und deutlich! Du kannst mit ihnen auch sehen, wenn eines deiner beiden Gesichtsaugen verklebt ist."

Die kleine Königin stampft mit dem rechten Fuß ganz wütend auf den Boden:
„Ich will aber nicht!"

Jetzt versucht es ihr Bauch-Diamant und sagt: „Kleine Königin, ich schenke dir dafür ein Auge mitten auf der Stirn – das ist das Auge Gottes – niemand sieht es außer Dir - möchtest du es haben?"

„Nein", brüllt die kleine Königin, „ich will einfach nur die zwei Gesichtsaugen, die, die jeder hat!"
Und sie weint sich in den Schlaf, die kleine Königin.
Alle, alle sind sie so gemein, alles ist so gemein!

Am nächsten Morgen schlägt sie ihre Augen auf (au weh, das Messer), aber sie wäre nicht die kleine Königin, würde ihr nicht gleich wieder einfallen, dass sie ja sehen kann und nicht blind sein muss, und es tut gleich nicht mehr so viel weh!

Sie weiß auch:
Morgen, morgen holt Papa sie wieder heim!
Nur noch einmal schlafen und sie darf wieder heim!

Wie jeden Morgen kommt die Krankenschwester und fragt, ob die kleine Königin auch auf's Klo gehen kann? Sie soll regelmäßig auf's Klo gehen. Harter Stuhl ist nichts für zusammengenähte Augen – wenn es nicht von selbst geht, bekommt sie wieder einen Einlauf.
Igitt, igitt ist das unangenehm.
Zuerst sehen alle Kinder gebannt zu und dann fängt es im Bauch ganz fürchterlich an zu rumoren und man muss lange am eiskalten Klo sitzen – nein, das mag die kleine Königin nicht schon wieder haben.
Aber lügen kann sie (blöderweise) auch nicht und so kommt an diesem Tag noch oft die Schwester und fragt, ob die kleine Königin denn jetzt endlich am Klo war…
Die Stunden vergehen und die kleine Königin muss einfach nicht…
Die Schwester stellt ein Ultimatum – jetzt oder Einlauf - und begleitet die kleine Königin auf das Klo. Die kleine Königin wird in den Klo-Vorraum hinein geschoben und die Schwester sagt, sie kommt später wieder.
Da sind drei Klo's nebeneinander und alle Türen stehen halboffen.
Die kleine Königin ist traurig, sie kann nicht, sie muss nicht, aber sie will ganz bestimmt auch keinen Einlauf!

Folgsam setzt sie sich auf eine Klobrille und plagt sich und plagt sich; sie plagt sich so, dass das Messer im Auge wieder zu sticht…
…und plötzlich sagt das Auge mitten auf der Stirn - das Auge das die kleine Königin ja gar nicht haben will - zu ihr:
„Geh ins Nebenklo, kleine Königin, geh!"

„Was ist denn das?", denkt sich die kleine Königin erschrocken, „wieso spricht der Kopf mit mir, so als wäre er mein Bauch-Diamant?"
Die kleine Königin erhebt sich (von ihrem Thron, so sagen die Leute doch auch zum Klo, fällt ihr dabei ein) und wirft einen Blick ins Nebenklo:
„Das gibt's ja gar nicht", denkt sie sich, „pfui, ist das grauslich, da hat jemand nicht hinuntergelassen"…und… wie sie da noch ungläubig steht, geht die Türe auf und die Schwester stürmt herein.
„Na, bist du fertig?", fragt sie, wirft einen Blick in die volle Klomuschel und wundert sich, dass das ganz normaler Stuhl ist, so gar nicht verstopft – und flugs, ist sie wieder zur Tür hinaus.

Die kleine Königin betätigt die Klospülung und denkt sich:

„Tja, gelogen habe ich jetzt aber wirklich nicht, das war ein sehr praktischer Zufall."
„Vielleicht ist es doch gut, ein Auge auf der Stirn zu haben. Ich kann es ja mal ausprobieren", denkt sie…

Der Tag ist gerettet und übermütig springt die kleine Königin von Bett zu Bett, weil doch der Fußboden übersät ist von wilden, hungrigen Krokodilen. Sie peitschen mit dem Schwanz auf das Wasser und reißen ihre riesigen Mäuler auf, um Kinder-Menschenfleisch zu fressen.
Die anderen kleinen Kinder im Krankenzimmer vergessen ob der Fröhlichkeit der kleinen Königin ihr Heimweh und tollen mit!
Und als die kleine Königin gar zu übermütig wird und einen Riesensatz wagt, da rutscht das auf Rollen stehende Krankenbett weg und die kleine Königin fällt mitten hinein in ihren eigenen Nachttopf!
Das Gelächter ist riesengroß und sie selbst lacht am allerlautesten.
„Ist das witzig, ist das ein Spaß, morgen, ja morgen da darf ich wieder heim…!"
Mit einem klein bisschen nassen Nachthemdchen schläft die kleine Königin glücklich ein. „Das Nasse sind ja keine Tränen", denkt sie, „keine Tränen, hurra keine Tränen mehr…"

Das Badezimmer daheim ist voller Tannenreisig. Die Mutter bindet den Adventkranz, einen ganz großen, fast so groß wie der in der Kirche.
Die Mutter hat keine zarten Frauenhände, der Mutter treten die Adern am Handrücken heraus. Die Mutter hat immer sehr viel Arbeit: Windeln waschen, einkaufen, Kochen, abwaschen, nähen, bügeln, immer nachlegen, damit das Feuer nicht ausgeht und ...und ...aber am besten kann die Erdenmutter über Kinderköpfe streicheln und das tut sie oft.
Alle ihre Kinder bekommen genug davon!
Und ihre Augen strahlen dabei vor Glück und Sanftmut. Die Erdenmutter hat ein großes, großes Herz und sie liebt ihre Kinder über alles!

Die Blaulicht-Rettung fährt die kleine Königin ins Krankenhaus. Sie ist fast im Sterben, aber doch wieder nur fast.
So wie oft, sie kennt das schon.

Es wird ihr richtig speiübel dabei.
Es ist, als würde sie das Leben ausspeien mögen, aber das lässt sich nicht heraus speien, das krallt sich im Magen fest und im Herz und im Bauch. In der Lunge kann es sich nicht festkrallen, da sitzen schon diese schwarzen Riesenhände und drücken alles Leben heraus…

„Ich hasse es, ich hasse es – ich hasse euch alle“, denkt die kleine Königin – reden kann sie nicht, es ist einfach keine Luft dazu da.

Viel später geht die Krankenzimmer-Türe auf und die Nonnen-Schwester bringt einen Brief. Die Mutter hat den Brief beim Krankenhaus-Portier abgegeben.
Wenn die kleine Königin aus dem Krankenzimmer-Fenster sieht, kann sie ihr Zuhause sehen. So nah steht das Elternhaus und doch so unerreichbar weit weg.

Dort ist die Mutter daheim, die Erdenmutter, die die sie so sehr liebt!
Und nur zwei Mal in der Woche Besuchszeit! Schrecklich!
Dafür der Brief - die kleine Königin drückt ihn ans Herz und es wird ihr ganz warm dabei.

„Schwester, Schwester“, jubelt die kleine Königin, „Mama hat mir einen Brief geschrieben und ihn bei der Pforte für mich abgegeben, sie war ganz in meiner Nähe!“
Und die kleine Königin strahlt über das ganze Gesicht.

Die Schwester aber verwandelt sich augenblicklich in eine buckelige, böse Hexe und diese krächzt:
„Du wirst ja so verzogen, du böses Ding!“
Die Augen der Hexe durchbohren die kleine Königin bis mitten ins Herz.
Der Brief der Mutter wird ganz schwer und die Ärmchen sinken ganz kraftlos auf die Bettdecke.

Die kleine Königin hat das Gefühl, etwas Unrechtes in Händen zu halten, etwas das ihr gar nicht gehören sollte.

Es ist die Mutter-Liebe - die böse Hexe kann die Mutter-Liebe nicht ertragen.

„Du böse, böse Hexe“, denkt die kleine Königin, „der Teufel soll dich holen!“
Und wo vorher soviel Freude war im kleinen Kinderherzen, da setzt sich jetzt soviel Hass hinein und die kleine Königin verflucht die böse Hexe bis in alle Ewigkeit, denn sie hat ihr die Freude gestohlen.

Die kleine Königin bekommt vor Zorn keine Luft mehr.

„Wenn ich groß bin, schlage ich allem Bösen den Kopf ab“, denkt sie sich. „Ich bin mächtig und es soll in meinem Land nur Frieden herrschen“, wünscht sie.

Die kleine Königin spielt voller Hingabe am Sandhaufen. Der Sand will sich nicht so gut backen lassen, er ist zu grob und so geht sie zu ihrem Vater in die Tischlerei.
„Papa, wo finde ich ganz feines Schartenmehl?", fragt die kleine Königin.
Der Vater zeigt es ihr, die kleine Königin lächelt und der Vater sieht sie mit den Augen der Liebe an.
„Das sind solche Augen, wie sie auch die Himmelsmutter hat, genau das Blau vom Königinnen-Mantel", denkt die kleine Königin überrascht. Vater hat solch blaue Augen, das hat sie bis jetzt ja noch gar nie gesehen!

Sie sitzt bei Vaters Füßen im Schartenstaub.
„Das riecht aber streng nach Holz", denkt die kleine Königin, „da krieg ich fast keine Luft."
Aber es ist so gut beim Vater zu sein.
„Ich schaffe das schon", denkt sie und ihre Händchen fassen viele handvoll Schartenstaub in das Maurerpfandl. Papa hat es der kleinen Königin geliehen, sein Werkzeug hat er ihr geliehen, das ist etwas ganz Besonderes.
„Ich bin etwas ganz Besonderes"...und die kleine Königin läuft wieder hinaus in den Garten.

Da steht die Mutter und streicht am Gartentisch Unmengen von Butterbroten. Fünf Kinder sind hungrig.
Die kleine Königin hat jetzt einen großen und einen kleinen Bruder und eine große und eine kleine Schwester.
Die kleine Königin hat von allem etwas.
Immer hat sie von allem etwas.
Viel Gutes, viel Schlechtes.
Es hält sich die Waage - wo Licht da Schatten, hat sie einmal gehört – ist doch ganz klar, denkt sie: „Ohne Licht kein Schatten, ohne Schatten kein Licht.“ Aber Licht war ihr lieber.
Außer es war Sommer, wenn es recht heiß war, da wollte sie lieber Schatten.
„Schatten oder Licht, was macht das schon – es ist genug von allem da“, denkt die kleine Königin. Heute Schatten, morgen Licht!
Und sie bäckt aus Schartenmehl einen Geburtstagskuchen, mit Gänseblümchen obenauf.

Die Butterbrote gibt es entweder mit Schnittlauch oder mit Karotten von Mamas Garten. Von den Karotten muss man zuerst die Erde am eiskalten Brunnenwasser herunter waschen.

Man kann die Butterbrote auch mit sonnenwarmen Tomaten essen.
Tomaten aber mag die kleine Königin nicht, da schüttelt es sie direkt, wenn sie an die Tiroler-Tomaten denkt, jene, die man wie einen Apfel essen muss…

Ach wie glücklich ist die kleine Königin:
„Ich muss keine Tomaten essen und die Reisbürste schrubbt den Fußboden und nicht meine Haut.“
„Und die Vögel zwitschern und die Schmetterlinge fliegen um die Wette und in Mamas Garten blühen so viele Blumen, sogar königliche Rosen.
Und …außerdem und überhaupt:
Ich bin daheim und Mama streichelt mich!“

Heute darf die kleine Königin mit ihrer Freundin einen Ausflug machen.
Einen Ausflug in die Ganz-Natur.
Da fließt ein Bach durch den Wald und man kann mit bloßen Füßen von Stein zu Stein hüpfen und kleine Äste in das Wasser werfen und dabei zusehen, wie sie als kleine Schiffchen Fluss abwärts treiben.

Dort oben, da ist der Bach fast wie ein kniehoher Tümpel, aber glasklar, die Steine am Grund kann man ganz deutlich sehen, sie haben viele, viele verschiedene Farben.
Und das Sonnenlicht spiegelt sich im Wasser und funkelt wie 1000 Diamanten.

Unter dem Stein hält sich ein großer Fisch versteckt.
Der kleinen Königin schlägt das Herz bis zum Hals, ein echter Fisch! Sie möchte den Fisch fangen, aber der Fisch ist blitzschnell und will sich nicht fangen lassen.

Der Fisch ist wunderschön, er hat die Farben des Regenbogens und die kleine Königin kann ihren Blick nicht von ihm nehmen.
„Bitte, bitte lieber Fisch“, denkt sie und schaut ihn dabei mit ihren drei Augen an, „bitte, lass dich berühren!“

„Ich will dich nicht fangen, ich will nur spüren, wie sich dein Regenbogen anfühlt."
„Ich kenne den Regenbogen am Himmel, aber nicht auf Erden", bettelt sie und geht ganz langsam auf ihn zu. Sie bückt sich ganz behutsam und streckt ihre Hand nach ihm aus.
„Fürchte dich nicht, ich will dir nichts tun", denkt das Auge Gottes und der Regenbogenfisch lässt es zu, dass die kleine Königin einen kleinen Augenblick lang ihre Hand über die Schuppen legen darf.
„Iiiii ist das glitschig", denkt die kleine Königin und so als wäre der Fisch deswegen beleidigt, verschwindet er schnell in einer Steinnische.
„Danke, kleiner Regenbogenfisch", juchzt die kleine Königin.

Sie hält Ausschau nach besonders schönen Steinen und erblickt einen Flusskrebs. Einen ganz großen mit schaurigen Zangen. Der lässt sich leicht mit der Hand fangen und die Kinder bringen ihn zum Haus der Freundin in die Email-Badewanne, die im Garten steht. Sie beobachten ihn ganz genau, bevor sie ihm Stunden später die Freiheit wieder geben.

Die kleine Königin mag alle ihre Geschwister, sie sind ihre Freunde, auch wenn oft gestritten wird. Sehr oft, sagt Mama.
Würde auch nur eines fehlen, es würde ganz viel fehlen.

Der kleine Bruder kann noch nicht alleine laufen und die kleine Königin stellt ihn mit dem Rücken zur Wand, so dass er sich an diese anlehnen kann und somit nicht umfällt.
Dann bettelt sie: „Bitte Brüderlein, bitte, komm zu mir“, fleht sie und der kleine Bruder schaut der kleinen Königin voll Vertrauen in die Augen.

Er macht drei kleine tapsige, wackelige Schritte auf sie zu.
Anschließend lässt er sich erleichtert in ihre ausgebreiteten Arme fallen und beide lachen.
„Er kann gehen, er kann gehen, er ist drei Schritte ganz alleine gegangen!“ hallt es durch die Wohnung und das Brüderlein bekommt von vielen Händen viel Applaus!

„Mein kleiner Bruder hat seine ersten Schritte zu mir gemacht, das ist etwas ganz Besonderes“, denkt die kleine Königin abends vorm Einschlafen.

„Ich kann Vertrauen schenken und ich kann den Regenbogen auf Erden berühren“, denkt sie – „ich bin etwas ganz Besonderes.“

Die kleine Königin sitzt beim Küchentisch und ringt um Luft.
So arg war es noch nie!
Der Kopf scheint zu zerspringen, das Blut pocht in den Schläfen, sie ist schon ganz schwindelig und es ist, als würde ihr jemand bei lebendigem Leibe die Lungenflügel herausreißen.
Einzeln.
Stück für Stück.
Die Ohren fühlen sich an, als wären sie mit Watte voll gestopft, sie hört ihre Atemgeräusche fast selbst nicht mehr.
Sie versucht einzuatmen, aber die Luft kommt nur bis zum Ende der Nase und auch durch den Mund geht nichts hinein, es geht einfach nichts mehr.
Sie kann nicht Einatmen und sie kann auch nicht Ausatmen.
Und sie weiß, jetzt ist es Zeit, um zu ersticken.

Der Kopf brennt und glüht wie Feuer, in die Augen bohren sich unzählige Messer und die Arme und Beine werden ganz taub und kalt und sie fühlt, dorthin kommt kein Blut mehr.
Zuerst hat sie noch Angst – furchtbare Angst – Todesangst.

Doch dann sieht ihr Stirnauge Himmelslicht.
Ganz deutlich steht ein Lichtwesen ohne Körper, aber trotzdem als Gestalt, am Anfang eines dunklen, schwarzen Tunnels der am Ende eine Öffnung hat.
Sie weiß, dieses Lichtwesen ist sie und sie sieht wie gebannt zu der Öffnung, die eigentlich ein helles Loch, gefüllt mit Himmelslicht, ist.
Die Öffnung mag vielleicht einen Durchmesser von zwei Meter haben und der dunkle Tunnel davor ist vielleicht 100 Meter lang. Das Licht ist sehr hell, es ist eine Mischung zwischen weiß und gelb, wie strahlender Nebel, kein irdisches Licht, warm aber nicht heiß, Licht, das greifbar ist und mit unendlicher Liebe lockt.
Jetzt spürt sie, wie sie magisch angezogen wird von dem Licht und sie schwebt diesen Tunnel entlang.
Es ist kein Fliegen – es ist Entlangschweben ganz knapp über dem Tunnel-Boden. Und je länger sie schwebt, desto heller wird es im Tunnel, der jetzt eigentlich gar kein Tunnel mehr ist, sondern eher ein Trichter.
Und die Trichter-Öffnung weitet sich ins Unendliche und dort möchte es sie hineinziehen.
„Das ist ja unglaublich“, denkt sich die kleine Königin.

Und wie sie „unglaublich“ denkt, sieht sie plötzlich Mutter mit Tränen in den Augen und Geschwister mit angsterfüllten Augen.
Die ganze Küche zu Hause ist eine einzige Angst- und Schreckens-Tragödie.

Die kleine Königin, ist hin- und her gerissen:
Dort das Licht und die Leichtigkeit, da unten Kummer und Leid.

Und sie bringt es nicht über's Herz.
Sie kann sich nicht einfach so fortstehlen.
Sie bringt es einfach nicht über's Herz!
Sie kann es ihnen einfach nicht antun.

Deshalb stemmt sie sich mit aller Kraft gegen das Licht und kämpft dagegen an.
Und sie spürt wieder ihren geschunden Körper, die schmerzenden Arme und Beine, der Kopf, der beinahe explodiert und die Lunge, die beginnt, sich zu entkrampfen.
Offenbar hat der Asthma-Spray doch noch gewirkt.

Die kleine Königin ist traurig:
„Ich bin nicht wirklich aus freien Stücken zurückgekommen“, denkt sie…

...sie spürt ihren Puls, ihr Herz schlägt in diesen Minuten wohl doppelt oder dreimal so schnell wie sonst.
Es schlägt rasend schnell, aber nur ganz oberflächlich spürt es die kleine Königin.
Die vielen, vielen Herzschläge sind eher ein Flimmern und die kleine Königin denkt ganz sachlich, das hält das Herz aber nicht lange aus und fast neugierig beobachtet sie, wann die Bombe wohl zum letzten Mal ticken wird, bevor sie explodiert?

Viel später schleppt sich die kleine Königin ins Badezimmer zum Spiegel.
Das Weiße der Augen ist blutrot.
Gesicht und Hals sehen aus, als hätten sie plötzlich Millionen von Sommersprossen bekommen.
Rote Sommersprossen.
Es ist Blut.
In jeder einzelnen Pore ist Blut sichtbar.

Die kleine Königin dreht ihrem Spiegelbild angewidert den Rücken zu.
„Das will ich nicht sehen“, denkt sie.

„Wäre ich doch nicht umgekehrt“, denkt sie unglücklich.

Sie ist wütend – auf ihre Familie und auf ihre eigene Entscheidung.

Nach vielem, vielem Zureden willigt die kleine Königin ein, wieder auf Erholung zu fahren. Diesmal nicht nach Tirol, nicht so weit weg, sie bleibt in Oberösterreich. Irgendwie hat sie es selbst auch gespürt, dass es so auch nicht mehr weitergehen kann.

Hätte die kleine Königin allerdings gewusst, was im folgenden Jahr auf sie zukommen wird, so wäre sie auf der Stelle, mit dem bisschen Luft, das sie noch in der Lunge hatte, auf den Kirchturm geklettert.
Sie hätte die Arme ausgebreitet und wäre mit voller Absicht hinunter gesprungen.
Sie wäre nicht nur gesprungen, nein, sie hätte voller Freude einen Riesenanlauf genommen und wäre mit einem Befreiungsschrei ins Nichts gesprungen.
Todsicher, hätte sie das getan.
Ohne Rücksicht auf Verluste, hätte sie es getan.
Es wäre ihr fast völlig egal gewesen, wie viele Tränen und Trauer Eltern und Geschwister dann gehabt hätten.

Denn die kleine Königin ist für die folgenden 392 Tage in der Hölle gelandet!

Die kleine Königin wurde im Frühling in der Kinderheilstätte aufgenommen. Und erst im Sommer des darauf folgenden Jahres wieder entlassen.

Als Mutter und Vater sich von ihr verabschiedeten und die Türe hinter ihnen ins Schloss fiel, glaubte die kleine Königin ihre Kindheit, ihre Familie und ihre Identität verloren zu haben.

Denn ab jetzt fühlte sie sich als Nummer 124.
Die Nummer war auf allen ihren persönlichen Sachen aufgenäht:
Auf Kleidern, Unterwäsche, Hosen, Strumpfhosen, Socken, Bademantel, Essbesteck-Tasche, Schulsachen und der täglich Blick auf die Nummer hat sich wie ein Brandzeichen in ihr Herz-Fleisch eingebrannt.

Sie war eine von vielen nach Luft ringenden, elternlosen Geschöpfen, die mehr oder weniger an Heimweh litten.

Allerdings hat sie nie jemanden kennen gelernt, der noch mehr Tage wie sie bleiben musste.
Unzählige Kinder kamen nach ihr und fuhren vor ihr.

Sie war im 13. Lebensjahr und durfte Dinge, die zu Hause selbstverständlich waren, nicht mehr selbst entscheiden:
Nicht wann und wie oft sie Körperpflege machen wollte und wenn ja, dann sicher nicht alleine, ohne Aufsicht. Dabei hätte sie ihrem Alter entsprechend doch so notwendig so etwas wie Intimsphäre gehabt...
Sie konnte nicht einfach zum Kasten hingehen und ihr Gewand selbst aussuchen. Die letzte Entscheidung fällte ein Erwachsener.

Sie durfte keine Briefe nach Hause schreiben, die nicht vorher einer Zensur unterzogen wurden. Es sollten keine „schlechten" Sachen drinnen stehen, sonst würden die Briefe nicht aufgegeben werden.
Sie bekam nicht nur einmal ihre eigenen Briefe zurück und wurde angehalten, anders zu formulieren oder Sätze wegzulassen, so ginge die Post sicher nicht weg! Sie kann sich auch nicht erinnern, ungeöffnete Post überreicht erhalten zu haben.

Das Wort Briefgeheimnis gab es nicht.
Ausnahme bildeten Päckchen, bei Paketen durfte man dabei sein, wenn sie geöffnet wurden. Es war immer ganz etwas Besonderes, ein Päckchen zu erhalten.
Wenn die Schnur durchgeschnitten wurde und es ans Öffnen ging, war die Spannung und Vorfreude sehr groß. Der Päckchenbrief wurde trotzdem zuerst von der Tante gelesen, und man musste sich sehr beherrschen, ihr diesen nicht aus der Hand zu reißen!
Pakete von zu Hause waren toll! Und ihre Mutter hat viele, viele Päckchen geschickt!

Ein einziges Mal im Monat war Besuchszeit. Sie konnte ihre Eltern nur ein einziges Mal für wenige Stunden im Monat sehen, keine Telefonate zwischendurch.

Finger- und Zehennägel wurden oft sehr kurz geschnitten.
Besonders die große Zehe, der Zeigefinger und Ringfinger waren wund deswegen und sie hatte oft Nagelbett-Eiterungen auszukurieren.

Sie wurde gezwungen, viel zu viel zu essen und sie musste mit Gewalt zunehmen.
Nummer 124 wurde Woche für Woche am Badetag gewogen und wenn sie nicht

zugenommen hatte, musste sie mehr essen. Doppelte Portion. Sie durfte den Speisesaal nicht eher verlassen, bevor der Teller nicht leer gegessen war.
Wenn es sein musste, saß sie zwei Stunden im Speisesaal – bis ihr Teller leer gegessen war.
Dann durfte sie gehen.
Lungenkranke Kinder sollten doch viel an Gewicht haben, dachte man zu dieser Zeit.

Es war egal, ob jemand zwei oder zwölf Jahre alt war – die Ruhe-Stundenanzahl war gefühlsmäßig die gleiche. Denn auch die Größeren mussten versuchen, mittags zu schlafen/ruhen. Bettruhe, stundenlang. Am Bauch liegend, stundenlang – Bauchliegen sei für Lungenkranke das Beste.
Und das, obwohl die kleine Königin dabei immerzu dachte: „Warum darf ich nicht sitzen, im Sitzen geht doch viel mehr Luft in meine Lungen. Im Bauchliegen kann ich doch noch viel, viel weniger einatmen! Bitte, bitte nicht Bauchliegen!“

Nummer 124 bekam vier Spritzenkuren. Unzählige Spritzen, am schlimmsten waren jene, die von der Doktorin mit den Gicht-Händen verabreicht wurden.

Da brauchte es für eine Spritze oft mehrere Versuche und Einstiche und manchmal verbog die Nadel sich.

Aber das Allerschlimmste war, dass die kleine Königin nicht daheim sein konnte bei ihrer Familie!

So wie überall auf der Welt, gab es auch hier sehr engagierte Menschen mit Herz, die versuchten, den Kindern so etwas wie Muttterersatz zu sein. Aber was sie auch gaben und geben konnten, für Nr. 124 war alles nur ein Tropfen auf dem heißen Stein!

Und es gab Menschen ohne großes Herz, die Kinder quälten.
Nr. 124 musste zusehen, wie einem aus Heimweh weinenden Kind deswegen mit der Hand ins Gesicht geschlagen wurde, so fest, dass die Finger stundenlang dunkelrot/lila auf der Wange noch abzulesen waren.
Nr. 124 musste zusehen, wie ein kleines Kind nicht mehr essen konnte und sich in den Teller erbrach.
Unbarmherzig wurde das Erbrochene wieder gefüttert. Vermischt mit viel Bronchialschleim.

Nr. 124 hatte großes Glück:
Ihre „Zimmer-Mütter“ haben es wirklich gut mit „ihren“ Kindern gemeint. Bei so vielen Kindern galt es auch, viele Regeln einzuhalten. Die Zimmer-Mütter mussten streng sein, aber sie waren doch auch gerecht.
Besonders mit der Jüngeren hat sie fast so etwas wie ein Band der Liebe gesponnen.
Aber nach einigen Monaten ist ihre „Ersatz-Mutter“ schwanger geworden und die kleine Königin war sehr enttäuscht und zornig, denn sie fühlte sich verraten:
„Wieder eine, die ein anderes Kind wiegt und schaukelt und mich alleine lässt“, dachte sie voller Enttäuschung.

Weinen gehörte zu den Dingen, die überhaupt nicht gerne gesehen waren – das wäre der Gesundheit doch nicht förderlich, hieß es...

Das war besonders am Heiligen Abend schlimm.
Aber da ging es wohl allen gleich, so viele Kinder und so mucksmäuschenstill!
Friedhofsstill – totenstill.

Nr. 124 hat schnell gelernt, unter der Bettdecke lautlos zu weinen, und wenn es ganz und gar „unpassend“ gewesen wäre zu weinen, dann konnte sie sogar tränenlos weinen. Stundenlang, tagelang, wochenlang, monatelang, über ein Jahr lang!

Nr. 124 litt 392 Tage lang Höllenqualen, nämlich:
Heimweih, Trauer, unbeschreibliche Angst, Verlassensein, unzählige, ungeweinte Tränen, Ungerechtigkeit, Zorn, Ohnmacht, Eifersucht, Wut, Hass und Enttäuschung.

Nr. 124 hatte schreckliche Angst, dass während ihrer Abwesenheit irgendjemanden von ihrer Familie irgendetwas Schlimmes passieren könnte. Alleine der Gedanke, dass sie vielleicht eines ihrer Geschwister oder gar Eltern nie mehr lebend wieder sehen würde, war unerträglich und zerriss sie innerlich förmlich.

Andererseits war es auch unerträglich, dass die anderen Geschwister jeden Tag und jede Nacht die geliebte Mutter hatten und sie nicht.

Manchmal wünschte sie, die Geschwister hätten auch keine Eltern mehr.
„Schuld" hämmerte es da bei diesem Gedanken.

„Sünde, so etwas nur zu denken!“, hämmerte es dann dröhnend in ihrem Kopf und in ihrem Herzen.

Der vierte Sonntag im Monat war ihr Besuchstag.
Wenn sie da auf die Ankunft der Eltern gewartet hat, wurde Nr. 124 regelrecht fast wahnsinnig vor Angst.

Wenn die Eltern auf dem Weg hierher auf der Autobahn einen Unfall hätten, dann wäre sie ganz alleine daran schuld, denn sie waren ja auf dem Weg zu ihr.
Schuld, Schuld, Schuld!
Sie stand schon eine Stunde vor der vereinbarten Uhrzeit beim Fenster und blickte die Straße entlang, ob denn nun das Auto endlich um die Ecke kam…und dann dauerte es für sie noch ewig, bis der erlösende Telefon-Anruf auf ihrer Station klingelte:
Nr. 124 darf zum Besuch!

Nr. 124 fiel Mutter und Vater um den Hals und erzählte, wie es ihr wirklich ginge und die Eltern verstanden das gar nicht, denn in ihren Briefen standen doch nie solche Dinge, immer nur Schönes und Lustiges und Frohes…

...und sie dachten doch, es gehe ihrem Kinde endlich gut...
...und Nr. 124 bebte vor Zorn, rang nach Luft und brüllte sich die Seele aus dem Leib. Lügen, alles nur Lügen...tobte sie...
Nachdem die Eltern wieder fort waren, drohte man Nr. 124 an, dass man ihr die Besuche überhaupt streichen würde, wenn sie sich dann so außer Rand und Band benehmen würde, das wäre ihrer Gesundheit doch nicht förderlich!

Nr. 124 hat daraufhin schnell gelernt zu Schweigen und noch mehr lautlos zu Weinen.

„Mit einem einzigen Satz kann man den Willen der Menschen brechen", denkt sie.
Menschen haben also sehr viel Macht.

Nr. 124 hat überlebt, weil sie manchmal Zeichen vom Himmel erhielt und die Natur so liebt.

Obwohl sie in diesen Monaten nicht so recht an Gott glaubte:
„Was soll denn das für einer sein, der das alles zulässt, mit dem will ich nichts mehr zu tun haben, der kann mir gestohlen bleiben", dachte sie und da war wieder diese zornige

Wut...auf alle und auf jeden in dieser wirklich gottverdammten Welt!

Nr. 124 hatte jeden Tag den schönsten Ausblick von ihrem Zimmer aus, den man sich nur vorstellen konnte.
Die Kulisse war einfach nur märchenhaft:

Sie lebte hoch oben am Berg, ihr zu Füßen lag der Traunsee mit seinem klaren Wasser.
An manchen Tagen glitzerte dieses wie tausende und abertausende Diamanten.
Die Segelschiffe darauf, so winzig klein und doch das Segel so gut als Dreieck erkennbar.

Der Traunstein groß und mächtig, zum Greifen nah, direkt vor ihrer Nase...und Bäume so viele Bäume mit so vielen Blättern oder Blüten, je nach Jahreszeit...
Und nächtens wachte über ihr ein Sternenmeer und unter ihr sah sie die vielen tausend Lichter der Häuser und Straßen.

Da stand die kleine Königin auf der Terrasse, barfuss, ganz früh am Morgen, wenn alle anderen noch schliefen, und konnte sich nicht satt sehen an diesem Wunder Erde.

Der Nebel lag noch im Tal, doch sie blickte schon in die Morgensonne und sie fühlte sich über den Wolken.
„Ich bin im Himmel“, dachte sie in diesen Momenten. „Ich kann mich nicht satt sehen an dieser unglaublichen Schönheit.“
„Ich stehe mittendrin im Himmel“ und sie hörte die Dohlen, die mit dem Aufwind spielten und ihr zuriefen:
„Schau, wir können fliegen – halte durch, kleine Königin, halte durch, dann lernst du es auch!“
Und der Wind flüsterte ihr zu:
„Kleine Königin, ich bringe dir einen Kuss von zu Hause, deine Mutter hat in mir mitgegeben, als sie heute Morgen das Fenster öffnete und die Polster aufschüttelte!“

Und schnell – bevor sie noch jemand entdecken und schimpfen konnte, schlüpfte sie wieder in ihr noch warmes Bettchen.
„Ich lasse mir meine Freude niemals von irgendjemanden stehlen“, versprach sie sich selbst…auf immer und ewig…

Die Eltern wussten, wie sehr ihr krankes Kind in der Fremde litt und wahrscheinlich würden sie es bald wieder heimholen müssen – ohne

die erhoffte Gesundheitsbesserung und alles wäre umsonst gewesen!
Und so sandten sie in ihrer Not auch noch ihre jüngste Tochter für drei Monate zu ihrer mittleren Tochter, um dieser den Schmerz so ein wenig zu lindern.
Nr. 124 war glücklich, ihre Schwester da zu haben. Ihre kleine Schwester war da, das kleine Menschenbündel von damals, als sie selbst von Tirol heimgeholt wurde – die 1-2-3 zuviel-Schwester war bei ihr, zum Umarmen, zum Liebhaben!
Drei Monate, ein Vierteljahr wenigstens, in denen sie nicht so sehr Heimweh hatte.
An ihrem 13. Geburtstag war ihre siebenjährige Schwester bei ihr und sie bekam direkt an ihrem Geburtstag einen Kuss von einem Familienmitglied!
Das war etwas Besonderes, etwas, das kaum jemand hatte.
Denn wann fiel der Geburtstag schon genau auf den Besuchstag?
Die kleine Königin hatte großes Glück an ihrem 13. Geburtstag!

Wären da nur nicht diese Schuldgefühle gegenüber der kleinen Schwester gewesen, die jetzt doch auch noch an Heimweh litt ...und diese bohrende Eifersucht, als die kleine

Schwester wieder heimgeholt wurde, sie aber noch lange, lange nicht …

In all ihrer Traurigkeit spürt Nr. 124, dass sie auch viel Trost schenken kann.
Sie ist meistens die Älteste im Zimmer und da sind so viele kleine Kinder. Die hängen sich an sie, die, die so lustig sein kann, die spaßig ist und mutig und stark, der man alles anvertrauen kann, ohne dass man geschimpft bekommt.

Nr. 124 nimmt sich der Kleinen so gut sie kann an, spielt mit ihnen, erklärt ihnen Blumen und Tiere, liest Geschichten über Geschichten vor und verrät denen, die es wissen wollen, was der Wind gerade erzählt… und bekommt dafür, was sie so notwendig braucht: Liebe!

Sie zeichnet für jene, die schon bald nach Hause dürfen eine Art Adventkalender – jeden Tag ein Kästchen durchgestrichen und nur mehr so und so oft schlafen…da können sich auch die Kleinsten ausmalen, dass es nicht mehr lange dauern wird und ihre Eltern sie nach Hause holen würden…

Viele Tage hat Nr. 124 Süßigkeiten erbettelt und nicht selbst gegessen. Sie hat sie gesammelt und am 6. Dezember aus den Steck-

Plastikplättchen aus der Bastelecke einen Bischofsstab gestaltet.
Einen sehr wackeligen, weil dieser so lange war, länger wie sie selbst und er war nicht golden, sondern blau-rot-weiß.
Die Kinderaugen haben gestrahlt, als die kleine Königin – notdürftig verkleidet als Nikolaus mit einer Bischofsmütze aus Zeitungspapier mit rotem Kreuz - durch „ihr“ Zimmer ging und für alle gute Worte und Süßigkeiten hatte.

In dieser Stunde hat sie gespürt, dass es ihren Bauch-Diamant noch gibt, er hat gefunkelt und gefunkelt, so heftig, dass die kleine Königin mächtig viel Herzklopfen hatte und ihr Herz sich ganz warm anfühlte…

Die stundenlangen Heilspaziergänge an der frischen Luft lenkten Nr. 124 von ihrem Heimweh ab. Sie fühlte sich wieder als die kleine Königin, wenn sie durch Felder und Wiesen wanderte, die Baumkronen ihr zuwinkten und die Kühe ganz nah an den Weidezaun kamen, um sie zu begrüßen.

Die kleine Königin hat im Herbst Blätter gesammelt und sie in ihrem Märchenbuch

gepresst. Als es Advent wurde, hat sie damit ein Kunstwerk entstehen lassen.
Sie hat ein riesiges Farnblatt als Christbaum verwendet.
Aus den roten Blättern hat sie längliche Rechtecke ausgeschnitten und so als Kerzen auf den Christbaum geklebt.
Die gelben Blätter hat sie in mühevoller Kleinarbeit als Flammen ausgeschnitten und auf die Kerzen geklebt.
Sie hat grüne, rote, gelbe und braune Päckchen in allen möglichen Formen und Größen aus Blättern und Baumrinde geschnitten und unter den Baum auf das Papier geklebt.
Vorher hat sie getrocknete Grashalme als Geschenksbänder um die Päckchen gewickelt.
Als Stern setzte sie ganz oben auf die Spitze eine weiße Blume. Hie und da hat sie kleine Flechten-Stückchen auf die Farn-Äste gesetzt, das waren dann graue Strohsterne. Und die Goldkugeln waren aus gelben Blütenkörbchen.
Sie hat ihren eigenen Christbaum geschmückt.
Sie hat vorgesorgt, dass sie Weihnachten in der Fremde überleben kann, wenn die anderen Geschwister bei Mutter und Vater sind und mit ihnen gemeinsam Stille Nacht singen...

Die kleine Königin ist vorausschauend.
Und sehr tapfer – nachdem ihr Baum fertig war hat sie es geschafft, mit einem Lächeln einzuschlafen:
„Ich lasse mich nicht unterkriegen“, hat sie sich versprochen, „niemals!“

„Die Natur versorgt mich mit allem was ich brauche, ich bin auf niemanden angewiesen“, denkt sie sich und möchte fliehen, weg von hier und durch den Wald talabwärts rennen und rennen bis sie zu Hause ankommt...

Aber Nr. 124 traut sich nicht...
Sie weiß, sie hätte nicht soviel Luft dafür und sie möchte nicht wieder ersticken müssen, davor hat sie große Angst!
„Ersticken, bis das Blut wieder überall herauskommt“, denkt sie, „da halte ich lieber doch durch“.
Und sie ist froh, dass sie überhaupt zwischen zwei Dingen wählen kann:
Ersticken oder dableiben.

Der Ostersonntag war wieder so ein Tag, an dem sie sich schon bei der Morgendämmerung hinaus ins Freie schlich. Natürlich nur auf die Terrasse, in den Garten hätte sie es nie gewagt zu kommen, das wäre sicher auch gar nicht möglich gewesen – zugesperrt, das musste ja auch so sein.
Sie blickt also wieder umher, hört die Vögel trällern und der Nebel liegt heute direkt orangefarben - vom zaghaften Morgenrot – über dem Tal und das Gras ist heute besonders grün…
Da sieht sie ihn, den Osterhasen von einem Strauch zum andern hoppeln…
"Es gibt ihn also doch", denkt sie, „das ist endlich wieder ein Zeichen vom Himmel für mich" und schnell entwischt sie wieder zurück in ihr Bettchen.

An Sonn- und Feiertagen gibt es immer köstliche Brioche-Brötchen, auf die freut sie sich sehr und ihr Magen beginnt zu knurren.

Und dann kommt er, der lang herbei gesehnte Tag: Sie darf wieder nach Hause!
Nr. 124 ist bei der Entlassung tatsächlich in einem sehr, sehr viel besseren körperlichen Gesundheitszustand als bei ihrer Aufnahme!

Die Asthma- und Beruhigungs-Medikamente konnten reduziert werden und die Anfälle sind seltener geworden.
Der Hautzustand hat sich ebenfalls um vieles gebessert.
Die kleine Königin ist sogar ein paar cm gewachsen und hat 8,10 kg zugenommen.

Nr. 124 freute sich so, wieder als kleine Königin nach Hause zu kommen.

Aber dann war alles ganz anders:
Alle und alles ist ganz anders geworden – fremd.
Ihre Geschwister waren ihr so fremd.
Und Vater und Mutter waren so fremd.

Und sie selbst war auch eine Fremde geworden, denn sie wollte die Liebe ihrer Familie nicht mehr.
Um in der Fremde überleben zu können, hat die kleine Königin einen Eispanzer um ihr Herz frieren lassen.
Darauf rankten sich Rosen empor.
Und jeder einzelne Stachel bohrte sich tief in ihr Herz.

2. Kapitel

Die kleine Königin wird erwachsen

Ihre alten Schulfreundinnen haben in der Zwischenzeit die Hauptschulzeit abgeschlossen und so kommt die kleine Königin als die Neue im Herbst in eine andere Klasse.
Obwohl sie wieder schnell Freundinnen findet, fühlt sie sich fremd. Sie ist froh, als ihr 9. Schuljahr zu Ende geht und sie möchte endlich ein neues Leben beginnen.

Schon bevor die kleine Königin Lesen und Schreiben konnte, wusste sie, sie wird ganz sicher einmal im Büro arbeiten. Sie liebte es immer schon, auf die Tasten der mechanischen Schreibmaschine zu greifen, fast liebevoll die Buchstaben darauf nachzumalen und mit Papier zu rascheln.

Die schönsten Sonntage waren die, wo der Erdenpapa Rechnungen schrieb. Da saß ihr Papa am Schreibtisch und erledigte Papierkram. Die kleine Königin saß unterm Schreibtisch – zwischen Vorhang und dem schwarzen Kabel der alten Rechenmaschine und wartete sehnsüchtig auf „Futter".

Wenn Papa wieder ein Blatt Papier oder gar ein Kuvert mit raschelndem Plastikfenster in den Papierkorb warf, war es für die kleine Königin die reinste Freude. Flink wie ein Wiesel, grub sie all diese Schätze blitzschnell wieder hervor. Papier, nicht nur weißes, sogar buntes gab es da.
Blaupapier war überhaupt der Riesenschatz!
So ausgeschrieben konnte dieses Papier gar nicht sein, dass am Rande nicht immer noch genug Farbe war, um zu zaubern. Das Blaupapier legte man einfach auf ein anderes Blatt Papier und dann kritzelte man darauf. Dann hob man das Blaupapier weg…und welche Überraschung, jetzt erst war die Zeichnung auch sichtbar. Aber am anderen Blatt, dort wo man in echt ja gar nicht hingeschrieben hatte!
„Ich kann sogar zaubern", denkt die kleine Königin.

Es gab auch viele Briefmarken auf den Kuverts, so viele schöne bunte Marken…
…und alle erzählten ihr eine Geschichte, Geschichten von Menschen und von fernen Ländern. Die kleine Königin löste alle diese Schätze mit warmem Wasser von den Umschlägen und trug sie in einem Holzkästchen zusammen.

Bis ihr eines Tages das Christkind einen Markenalbum schenkte.
Und mit diesem Schatz unter dem Kopfpolster ließ es sich besonders gut schlafen!

Und wenn sich Papa endlich wieder auf der Schreibmaschine oder am Rechnungsblock so verschrieb, dass es nicht mehr zu retten war, dann jubilierte die kleine Königin:
„Hurra, ein fast ganz neues, weißes Blatt Papier – da kann ich gut drauf zeichnen und basteln!“
Und die kleine Königin kitzelte den Vater an den Zehen, damit er sich endlich wieder verschrieb.

Die kleine Königin hat gefaltet und ganz kleine Heftchen daraus geheftet. Sie hat unzählige Löcher mit dem Locher ins Papier gedrückt und konnte mit diesen Konfetti auch gleich Fasching spielen.
Als Frau Zauberin.

„Mein Beruf heißt Büro, ich mag Papier und Briefe und Ordner und vor allem will ich eine eigene Schreibmaschine – das brauche ich, da kann ich sehr gut damit umgehen und das ist ganz leicht“, wusste die kleine Königin schon damals, als sie noch nicht einmal lesen konnte.

Sie ist 14 Jahre und gut 9 Monate alt, als sie eine kaufmännische Lehre beginnt. Die Familie hat sie unterstützt, das Passende zu finden und sie liebt ihre neue Aufgabe über alles.
Sie liebt das neue Leben – nur mehr ein Mal die Woche die Schulbank drücken und dann mit Fächern, die ihr leicht von der Hand gehen.
„Es kann also wirklich einfach sein, das Leben", denkt sie überrascht…
Sie ist fleißig, arbeitswillig, kapiert schnell und sie ist sehr direkt.
Sie ist zielstrebig und arbeitet äußerst effizient.
Sie stellt vieles in Frage:
„Das war schon immer so", lässt sie nicht gelten.
„Dann wird es Zeit, das zu ändern" antwortet sie darauf und die kleine Königin ändert vieles.
Sie lässt sich nicht einschüchtern.
Niemals.
Ohne Rücksicht auf Verluste.
Und sie redet niemanden nach dem Mund.
Manche sagen, sie sei respektlos.
Sie schweigt niemals, wenn sie etwas zu sagen hat.
Auch nicht dann, wenn es zu ihrem eigenen Vorteil wäre.
Manche sagen, sie ist wirklich unklug.
Und sie macht sich damit nicht nur Freunde.

Aber das hält die kleine Königin leicht aus.
Denn die kleine Königin will sich immer nur in den Spiegel schauen können, ohne sich schämen zu müssen.
Das ist ihr wichtig!
Sich selbst treu zu bleiben, das ist ihr wichtig!
Und es gibt keine Kompromisse.
Keine, mit Niemandem!

Ihre Lehrzeit ist noch nicht einmal ganz zu Ende, da bietet man ihr eine fixe Stelle in ihrer Lieblingsabteilung an. Sie freut sich und bleibt dort viele Jahre. Sie bringt es zu etwas.
Sie arbeitet sich hoch.

Sie ist 24 Jahre alt, als sie bei den Landesmeisterschaften im Maschinschreiben das Leistungsabzeichen in Gold erhält.
Sie kann unglaublich schnell und vor allem fast fehlerlos schreiben.
Sie ist darin wirklich sehr gut.
Sie erreicht das, was sie will.
Natürlich, was sonst!
Das ist ihr Arbeitsleben.

Dann gibt es da noch ihr Privatleben.
Da sieht es nicht so gut aus.
Die kleine Königin hat gefühlsmäßig den Boden unter den Füßen völlig verloren:
Sie ist unglücklich wie ein Häufchen Elend.
Todunglücklich.
Zu Hause möchte sie ihren Willen ganz und gar durchsetzen.
Sie lässt sich von nichts und niemanden mehr etwas vorschreiben.
Sie will ihre Entscheidungen ausschließlich alleine treffen.
Viel zu lange ist sie unmündig behandelt worden.
392 Tage.
Und die anderen sind schuld daran, dass sie das erleiden musste, denkt sie.
Und sie hat sich in den Heimen und Krankenhäusern und auch noch später viele, sehr viele Glaubensgrundsätze zusammen gewürfelt:

„Bald schon hat mir niemand mehr nur irgendetwas vorzuschreiben! Niemals mehr, niemand!“
„Wenn ich das hier überlebe, kann ich alles überleben.“
„Wenn ich das hier ausgehalten habe, halte ich alles aus.“

Und wenn sie sehr enttäuscht war, dann dachte sie verbittert:
„Es ist auf niemanden Verlass, nur auf mich selbst. Also werde ich niemanden mehr vertrauen und ich brauche auch niemanden."
„Ich kämpfe bis zum Umfallen."
„Ihr alle habt mich zu diesem Ungeheuer gemacht. Ich hasse euch dafür!"

Gegen soviel Widerstand waren die Eltern machtlos.

Sobald die kleine Königin volljährig ist, zieht sie aus von daheim.
In ihre eigenen vier Wände.
Und Vater und Mutter helfen dabei.
Die Familie hat sie unterstützt, das Passende zu finden.

Manchmal denkt die kleine Königin:
„Das gibt's doch gar nicht, das ist einfach unglaublich – sie mögen mich noch immer!"
Aber das würde sie niemals zugeben, dass sie die Liebe in den Augen ihrer Eltern immer noch sehen kann.
Niemals.
Eher würde sie sterben.
Viel lieber würde sie sterben.

Sie verliebt sich in die „falschen“ Männer.
Entweder machen sie die kleine Königin unglücklich und spielen mit ihren Gefühlen, oder aber die kleine Königin selbst nimmt es auf die leichte Schulter.

Die Medikamente haben das Asthma gut im Griff.
Mit ihrem Körper dafür treibt sie Raubbau:
Sie isst nicht viel.
Und sie schläft noch viel weniger.
Sie raucht die stärksten Zigaretten, die am Markt sind.
Päckchenweise.
Und sie trinkt Alkohol, sehr viel Alkohol.
Sie verletzt sich selbst.
Es gab da eine Mutprobe:
„Wer hält es am längsten aus, die brennende Zigarette am Handrücken zu lassen?“
Natürlich hat die kleine Königin gewonnen. Wer sonst?
Selbst als es schon nach verbranntem Fleisch roch und der Schmerz bis in die Schulter hinauf stach, konnte die kleine Königin immer noch regungslos auf ihre Hand sehen.
„Ich kann mich versteinern, wenn ich will und ich halte alles aus“, dachte sie, „denn, ich habe schon alles ausgehalten.“

„Ich kann zusehen, wie ich verbrenne und es macht mir nicht wirklich etwas aus, denn eigentlich bin ich schon längst verbrannt."
„Ich spalte mit meinem Willen meine Seele einfach weg."
„Das geht, leicht sogar, wie auf Knopfdruck: Ich habe einen starken Willen.
Niemand wird ihn jemals wirklich brechen können."
„Und ich kann meinen Körper verlassen und von oben zusehen."
Unbeteiligt.

Die kleine Königin war sehr krank - seelenkrank.
Die kleine Königin wollte nur zu gerne Selbstmord auf Raten.
Aber sie blieb erstaunlich gesund.
Unglaublich gesund.
Und auf gar keinen Fall würde sie sich auch nur im Geringsten von Irgendjemandem helfen lassen.
Niemals!

Die kleine Königin konnte sich am Morgen oft nicht in den Spiegel schauen, ohne dass ihr speiübel wurde.
Sie schämte sich sehr.
Und dabei wollte sie sich doch nur selbst treu bleiben!

Zu einer Jahreswende legte sie sich in den Schnee, regungslos und stundenlang und bat, doch endlich erfrieren zu dürfen. Und sie weinte unzählige heiße Tränen in den Schnee und der Schnee schmolz dahin.

Ihre Sterne am Himmel konnten ihr auch gestohlen bleiben und sie ärgerte sich furchtbar, denn es wurde ihr nicht einmal kalt.
„Da wird es wohl mit dem Erfrieren nichts werden“, dachte sie und ihre Tränen versiegten.

Ihr Bauch-Diamant begann zu funkeln und ihr Stirn-Auge begann zu sehen:

Wieder einmal mutterseelenallein – so wie gerade jetzt – sitzt sie auf einem Berg.
Ganz oben am Gipfel und unter ihr nichts und über ihr auch nichts.

Sie hält sehnsüchtig nach den Sternen Ausschau, doch selbst die sind heute nicht zu sehen.

Sie spürt, wie plötzlich vier Himmels-Arme bei ihr sind, sie behutsam hochziehen und sie hin begleiten, die paar Schritte bis zum Abgrund.
Der Himmel nimmt sie ganz in den Arm und tröstet sie.
Der Himmel redet ihr gut zu, doch einen Blick ins Tal zu werfen!
Zuerst will die kleine Königin nicht, sie ist zornig und bockig.
Dann riskiert sie doch ein Auge und wagt den Blick hinunter.
Und was sie da sieht, kann sie gar nicht glauben!
Unglaublich!
Staunend blickt sie ins Tal und sie sieht ein Lichtermeer, so wunderschön, wie sie es noch nie gesehen hat.
Es wäre, als spiegle sich der Himmel mit den unzähligen Sternen da unten auf der Erde!

Der Himmel flüstert ihr zu:
„Sieh, kleine Königin, schau doch auf der Erde nach den Sternen. Es liegen dir auf Erden unzählige Sterne zu Füßen.“

„Ein ganzer Teppich voller Sterne.
Du brauchst sie nur aufzuheben.
Du brauchst nicht zum Himmel zu sehen, wenn du deine Sterne finden möchtest.
Auf Erden liegen deine Sterne, hebe sie doch einfach auf!“

Und immer noch ganz ungläubig starrt die kleine Königin von oben nach unten und von unten nach oben.
Ein Spiegelbild.
Oben und unten das gleiche Bild!
Es war einfach überwältigend und atemberaubend.
Unglaublich!
Tausende und abertausende Sterne funkelten überall und warteten nur darauf, von der kleinen Königin gesehen zu werden.

Und in diesem Augenblick wusste sie, dass ab jetzt alles anders werden würde.
Und sie spürte, dass ihr endlich wieder warm werden könnte ums Herz und sie wusste, was sie zu tun hatte:

Sie ging ins Reisebüro und buchte eine Reise nach Frankreich.

Sie muss nach Paris, schon bald, sie muss in die Stadt der Liebe und den großen Stern unter dem Eiffelturm aufheben!

Und in Paris ist sie tatsächlich ihrem Märchenprinzen begegnet.
Sie ist gestolpert und er hat ihr seinen hilfreichen Arm angeboten.
Sie hat ihn einfach genommen…und nie mehr wieder losgelassen.

Der Märchenprinz hatte es nicht leicht mit seiner kleinen Königin.
Sie war sehr lange, sehr verletzt und sie war sich seiner Liebe so wenig sicher.
Sie hatte soviel Zweifel am Leben und sie hatte soviel Angst, ihr Herz an jemanden zu verlieren, der es vielleicht doch nicht wert wäre.
Zurückbleiben würde wieder sie – wieder bitter enttäuscht.

Manchmal war der Märchenprinz am Ende mit seiner Weisheit.
Er und seine kleine Königin hatten wirklich viel auszuhalten aber sie haben trotzdem zusammen gehalten.

Die kleine Königin braucht jemanden, der ihr hilft, ihr Leben in der Waage zu halten.
Ihr Märchenprinz ist im Sternzeichen Waage geboren.
Die kleine Königin weiß, sie braucht ihn, um ihr Leben wieder ins Lot zu bringen.

Und als die Schmetterlinge im Bauch immer mehr wurden und das Herz wie wild zu klopfen begann, wenn sie einander tief in die Augen blickten, da wussten beide:
Ihre Liebe ist stark, sie wird vielen Stürmen trotzen und sie wird eine lange, lange Zeit halten und dabei immer noch größer werden.

An einem wunderschönen, sonnigen Tag im August, in einer ganz kleinen schwarz-goldenen Kirche auf einer Anhöhe mit Blick ins Tal, haben sich der Märchenprinz und seine Königin das Ja-Wort gegeben.

Sie schritten Arm in Arm aus der Kirche - bereit, die Sterne auf Erden gemeinsam einzusammeln.

3. Kapitel

Die kleine Königin wird Mutter

Der Märchenprinz und seine kleine Königin sind ein Jahr verheiratet, als sie ihr Traumhaus entdecken.
Die kleine Königin hat sich sofort in den turmähnlichen Bau verliebt und im Geiste sieht sie eine mit Rosen überwucherte Wendeltreppe, die bis auf's Dach geht, vor sich.
„Die muss ich bauen und dann steige ich hinauf bis ganz nach oben und kann ins Land hinein und bis zum Gebirge blicken, die Arme ausbreiten und fliegen"... und die kleine Königin erstarrt vor Schreck:

Vor ihren Augen erhebt sich der Traunstein...und die kleine Königin fühlt sich plötzlich wieder als Gmundnerberg-Heim-Kind aus dem Fenster sehen und all die Trauer, die sie mit diesem Berg verbindet, ist auch hier an diesem Ort und sie kann diesen Anblick kaum ertragen.

Der Wind küsst die kleine Königin auf die Stirn und flüstert ihr zu:

„Du wirst hier sehr glücklich sein, du schaffst es. Hier ist ein guter Platz zum Leben, die Zeit heilt Wunden und eines Tages wirst du dich freuen, wenn der Berg dir zuruft…“
Und die kleine Königin ist hin- und her gerissen zwischen Wollen oder doch nicht Wollen und dann kommt ihr Märchenprinz und sagt:
„Ich möchte den Garten haben, es ist ein schöner, großer Garten mit vielen Bäumen.“

Und der Märchenprinz und seine kleine Königin beschließen gemeinsam, das Unbekannte zu wagen.
Der Platz hier fühlt sich einfach wirklich gut an – er wird ein gutes Zuhause für sie werden!

Die beiden arbeiten fleißig und als sie schon viel von den Schulden abbezahlt haben, denken sie:
„Ach, wie schön wäre es doch, hätten wir ein Kind!“
Und tatsächlich, es dauert nicht lange und die kleine Königin wird schwanger – vom ersten Tag an beginnt sie mit ihrem ungeborenen Kind zu sprechen:

Die erste Eintragung steht am 3. 6. 1988 in ihrem Tagebuch:

Heute um 6.15 h haben dein Papi und ich erfahren, dass du unterwegs bist. Wir sind sehr glücklich darüber. Ich musste den ganzen Tag ununterbrochen an Dich denken und kann es noch gar nicht so recht glauben, dass du jetzt noch acht Monate in meinem Bauch bist, bis wir dich zum ersten Mal im Arm halten, denn wir lieben Dich jetzt schon!
Wenn ich aufwache bist du mein erster Gedanke, wenn ich einschlafe, mein letzter. Ich muss ständig an dich denken. Geht es dir gut? Nachmittags musste ich mindestens zweihundert Mal niesen.
Ich war auf die Gräser so allergisch und ich soll wegen dir doch so wenig Medikamente wie möglich nehmen!

Ich glaube, du bist kräftig durchgeschüttelt worden.

Heute vor 7 Jahren haben sich dein Papi und ich in Paris kennen gelernt. Ist es nicht wundervoll, dass du aus dieser Liebe wächst?

Endlich! Herzliche Gratulation hat der Doktor zu mir gesagt und mir die Hand geschüttelt.
Jetzt ist es ganz sicher, dass du in mir wächst und wächst.
Du bist jetzt ungefähr 7 Wochen alt und ein paar Millimeter groß.

Ich habe es gerade deinen Großmüttern erzählt, dass du unterwegs bist. Es gibt jetzt schon viele Menschen, die dich ganz lieb haben und oft an dich denken!

Heute habe ich mir schon ein Kleid gekauft, in das ich auch noch mit dickem Bauch hinein passe.
Beim Anprobieren habe ich meinen Bauch ganz weit herausgestreckt, so dass ich mir ungefähr vorstellen konnte, wie ich in zwei Monaten aussehe. Ich freue mich schon, wenn auch fremde Leute sehen, dass ich dich unter meinem Herzen trage.

Am 29. Juli werden dein Papi und ich dich zum ersten Mal am Ultraschall sehen. Wir haben heute schon gewitzelt, dass du vielleicht gar nicht alleine im Bauch bist, sondern vielleicht noch ein Geschwisterlein bei dir ist. Uns würde es gar nichts ausmachen, wenn wir gleich zwei Babys auf einmal bekämen!

Dein Papa hat meinen Bauch gestreichelt.
Der ist inzwischen schon größer geworden – ich habe dich ganz lieb!
Schlaf gut!

Die letzten zwei Wochen ist es mir mit dem Asthma nicht so gut gegangen. Aber jetzt geht es mir seit zwei Tagen sehr gut.
Ich brauche den Spray nicht öfter wie sechs Mal.

Guten Morgen, liebes Baby! Heute ist der große Tag! Obwohl ich bis halb 7 h schlafen hätte können, bin ich schon seit Stunden wach. Ich bin so aufgeregt, wie Du in einigen Jahren sein wirst, wenn das Christkind vor der Türe steht.

Wir sind die glücklichsten Menschen auf der Welt!
Wir haben dich gesehen!

Du hast gestrampelt und wir haben deine Augen erkennen können. Und auch dein Herz. Papa hat gesehen, wie du die Finger bewegt hast und ich habe ein Foto von Dir.
Das schaue ich jetzt sehr oft an!

Heute ist wieder ein herrlicher Tag.
Ich habe von Dir geträumt. Du bist ein ganz liebes Baby und bist ganz friedlich, mit dem Daumen im Mund, dagelegen.
Mein Bauch wächst jetzt jeden Tag.
Dein Papi und ich haben heute Hochzeitstag. Genau vor vier Jahren haben wir geheiratet und du bist unser allerschönstes Geschenk!

Du wiegst jetzt ungefähr 150 g und bis 16 cm groß. Spürst du, dass wir dich ganz lieb haben?

Du bist schon so groß geworden, dass du gar nicht mehr zur Gänze auf dem Ultraschall-Bildschirm sichtbar bist!
Heute konnte man deinen Magen, die Blase, deine Hände und die Füße genau erkennen. Der Doktor sagte, es ist alles in bester Ordnung und du bist genauso groß, wie du für dein Alter sein musst. Auf meine Bitte hin, habe ich auch wieder ein Foto von dir bekommen.
Ich habe dir vorhin das erste Bussi auf deine Nasenspitze gegeben!

Seit ein paar Tagen liege ich in der Klinik. Ich habe immer wieder starke Bauchschmerzen. Ich war schon in der Kapelle und habe den lieben Gott darum gebeten, dass es dir auch weiterhin gut geht und du gesund bist! Es ist alles in Ordnung und wir dürfen bald wieder heim!

Guten Morgen, liebes Baby! Am Abend liege ich jetzt immer mindestens eine Stunde wach, bis ich einschlafen kann. Wenn ich nämlich schlafen will, dann bist du recht munter und ich glaube fast, du machst viele, viele Purzelbäume. Außerdem spielst du mit meiner Blase Fußball und ich muss ständig auf's Klo gehen! Aber ich bin froh, dass du so deine Muskeln kräftigst, so lange du noch genügend Platz hast. Du bist 22 Wochen alt und ich habe dich ganz, ganz lieb!

Wir sind jetzt in der 25. Woche und mir geht es blendend! Mein Nabel sieht schon aus, wie ein kleiner Trichter.
Ich bin sehr glücklich.
Voriges Wochenende hat Papi schon den Boden im Kinderzimmer verlegt.
Es ist sehr schön geworden, aber das Zimmer ist noch ganz leer. Es wird wundervoll, wenn du nächstes Jahr in Deinem Bettchen liegst und wir uns um dich kümmern können.

Ich habe heute Geburtstag und es ist zugleich auch mein letzter Arbeitstag. Jetzt habe ich Urlaub und kann den ganzen Tag an dich denken und mich freuen!
Du wirst in drei Monaten zur Welt kommen und mein Bauch ist schon jetzt so kugelrund, als hätte ich einen Fußball verschluckt!

Gestern haben wir wieder im Kinderzimmer gearbeitet. Wir haben eine Tapete hinaufgeklebt, damit es nicht so leer aussieht und einen Kasten haben wir auch noch gekauft.
Jetzt fehlt nur noch das Stubenwagerl.
Es ist das gleiche in dem auch ich und meine Geschwister schon gelegen haben!
Morgen werde ich einen Stoff kaufen und deine Oma wird ihn zusammennähen und anpassen. Du hast dann ein Bettchen wie eine kleine Prinzessin oder wie ein kleiner Prinz.
Die Tapete ist fast wie ein Bilderbuch.
Ich habe mir schon in Gedanken ausgemalt, wie es wohl sein wird, wenn ich dir die Welt erklären kann und die Sprache lernen darf!
In ein paar Jahren dann, kannst du deinem Geschwisterchen dann erzählen, was die Bilder in eurem Zimmer bedeuten:
Ein Entlein, ein Vogel, ein Heuschreck, eine Blume, ein Ball... Ich sehne mich so nach Dir!

Puh, war das ein Tag!
Mein Frauenarzt hat uns ja einen schlimmen Schrecken eingejagt! Bei der Ultraschall-Untersuchung meinte er, dass dein Kopf viel zu klein sei. Und deswegen möchte er, dass wir nach Salzburg zu einem Spezialisten fahren. Ich war deswegen sehr traurig, dein Papi hat mich getröstet, aber ich habe solche Sorgen, dass du vielleicht nicht gesund bist?!

Alles ist in Ordnung – es geht dir gut! Mein Gott, jetzt bist du noch nicht einmal auf der Welt und ich habe schon so schreckliche Angst um dich gehabt!

Gestern Abend habe ich zum ersten Mal gespürt, dass du Schluckauf hattest. Mein Bauch ist ununterbrochen in rhythmischen Abständen von dir geschüttelt worden. Ich bin erst eingeschlafen, als du nicht mehr „gehickst" hast!

Du musst jetzt schon sehr groß sein, denn du beulst mich ganz gewaltig aus. Zuerst gerade ist es auf der linken Seite ganz hart geworden. Wie wenn ein Knödel in meinem Bauch wäre. Ich glaube, es war deine Ferse und du bist kitzelig, denn du bist auf die Berührung wieder in meinen Bauch hinein verschwunden!

Das Christkind war da und meine Erdenmutter hat ein Päckchen für dich gemacht: „Für das kleine Butzilein von Maria und Robert" steht da drauf und sie hat weiße Handschuhe und weiße Patscherl für dich besorgt.
Und du hast auch zwei Schutzengerl-Bilder erhalten, damit du auch immer beschützt wirst…

Vor dem Zubettgehen bin ich auf unserem Bett im Kreis gehüpft und habe ganz laut gesungen: „In fünfeinhalb Wochen ist es soweit, dass der kleine Prinz oder die Prinzessin schreit!"
Ich könnte die ganze Welt umarmen, so glücklich bin ich, weil du in meinem Bauch bist!
Ich liebe Dich!

Ich bin gerade dabei, vorsichtshalber mein Köfferchen für die Klinik zu packen.
Ich werde auch ein Foto von Papi mitnehmen.
So habe ich – wenn du erst auf der Welt bist – im Krankenzimmer die beiden Menschen bei mir, die ich am meisten liebe.
Dein Papi liebt uns auch sehr. Am Samstag hat er mir von der Stadt eine rote Rose mitgebracht. Einfach so!

Manchmal drückst du auf einen Nerv von mir, dass ich schreien könnte.

Mein ganzer Fuß wird taub und ich weiß nicht, wie ich sitzen, stehen oder liegen soll.
Aber auch das ist jedes Mal wieder vergangen.

Freitag, 27. Jänner 1989:
Es ist jetzt bald halb 5 h und ich habe alle paar Minuten Wehen.
Wir werden in die Klinik fahren.
Wir freuen uns sehr auf Dich!
Es ist 10.30 h und ich glaube, dass ich dich heute noch in den Arm nehmen kann.
15 h: Du bist endlich da!
Mein Sonnenschein, wir lieben Dich!

Samstag, 28. Jänner 1989:
Ich bin sehr traurig.
Und ich habe Angst!
Sie haben mir gesagt, dass du, wenn du weinst, immer ganz blau wirst.
Sie haben dich in einen Glaskasten gelegt. Dort ist es warm und auch Sauerstoff wird zugeführt. Du siehst da drinnen ganz rosig aus. Du liegst am Bauch und hebst dein Köpfchen. Sogar deine Augen hast du ganz offen.
Es gefällt dir dort offensichtlich.
Die Geburt war für dich sehr anstrengend, denn immer wenn ich den Wehenhöhepunkt hatte, sind deine Herztöne ganz schlecht geworden.

Und dann mussten sie dich ganz schnell mit der Saugglocke holen."

Die kleine Königin war also Mutter geworden und es war ihr, als würde sie den Boden unter den Füßen verlieren...

Am helllichten Tag, als die Rettungsmänner kamen und das kleine Bündel Mensch in den tragbaren Brutkasten umbetteten, durfte die kleine Königin ihre Sonnenschein-Tochter nur noch bis zur Lifttüre begleiten.
Und sie flehte:
„Bitte, bitte, nehmt mich doch mit in die große Stadt!"

Und dann hat die kleine Königin in die Zukunft gesehen.

Durch ihre mit Tränen gefüllten Augen konnte sie nicht klar sehen.
Doch ihr Stirnauge hat es ganz deutlich gesehen:
Die Männer haben in Wirklichkeit einen hellen, kleinen Kindersarg getragen!

Die kleine Königin hat in diesen Tagen ihr Kopfpolster nass geweint.
Sie fühlte sich wieder einmal völlig allein in dieser furchtbaren Welt.
Sie durfte ihr Kind nicht nähren und sie durfte ihr Kind nicht liebkosen.
Sie durfte ihr Kind nicht einmal sehen, nicht einmal auf Revers hätte man sie entlassen.
Sie haben die kleine Königin und die kleine Sonnenschein-Tochter nicht zueinander gelassen!

Es wurde ihnen verwehrt und sie litten beide von Anfang an.

Fünf lange Tage hat die kleine Königin durchhalten müssen, bis sie endlich zu ihrer Tochter fahren durfte und es war einer der schönsten Tage in ihrem Leben:
Wie eine Ertrinkende klammerte sich der Sonnenschein an die Brust ihrer Mutter und wollte nie, nie mehr loslassen…

Niemand im Krankenhaus wusste, was dem kleinen Sonnenschein wirklich fehlte.
Sie hatte weder Fruchtwasser in den Lungen, noch eine Hirnschwellung.
Sie hatte beidseits eine 4-Finger-Furche und eine eingezogene Nasenwurzel, aber nicht das Down-Syndrom.
Eigentlich fand man nichts, außer einer Hüftdysplasie und einem noch unreifen Mageneingang.
Sie war zu klein und zu leicht für eine Termingeburt und nach zwei endlos langen Wochen im Kinderspital durften der Märchenprinz und seine Königin ihren Sonnenschein endlich nach Hause holen…

…und alle hofften auf eine bessere Zukunft…

Die kleine Königin hatte furchtbare Angst um ihren kleinen Sonnenschein.
Tag und auch nachts trug sie das kleine Bündel.
Das Töchterlein solle nie wirklich weinen müssen, denn das wäre zu anstrengend und dann würde das Menschenkind wieder blau werden…und so tat die kleine Königin-Mutter alles, was nur irgendwie möglich war…
Und trotzdem gedieh der kleine Sonnenschein nicht wirklich gut.
Sie wuchs kaum und sie nahm nicht viel zu.

Sie war sehr schwach.
Sie konnte mit drei Monaten unmöglich den Kopf in Bauchlage heben.

Aber sie strahlte ihre Mutter aus Sternenaugen an und lächelte über das ganze Gesicht, wenn man mit ihr sprach.

Die Ärztin sagte, das Kind m u s s den Kopf heben können - bis zur nächsten Untersuchung muss das Kind den Kopf heben können!

Und die kleine Königin weinte bitterlich und wusste nicht, wie sie es bewerkstelligen sollte, dass ihr kleiner Sonnenschein den Kopf heben mochte…
…und der kleine Sonnenschein liebte seine Mutter.

Und wenn die kleine Königin flach auf dem Bett lag und ihr Töchterlein auf ihrem Bauch in Bauchlage liegen hatte, so wollte der kleine Sonnenschein nichts mehr auf der Welt, als seiner Mutter in die Augen blicken zu können und das kleine Menschenkind plagte sich und plagte sich, das Köpfchen zu heben, um die Sterne in den Augen der geliebten Mutter zu sehen.

Und die Mutter flehte ihr Kind an, stark zu sein....
...und tatsächlich konnte der kleine Sonnenschein bei der nächsten Untersuchung den Kopf in Bauchlage heben und die kleine Königin hoffte, alles würde sich zum Guten entwickeln...

Der Sonnenschein konnte dem Alter entsprechend noch nicht sitzen und sie sollte doch schon längst sitzen...
...und so plagten sich Mutter und Kind wieder und wieder, alles sollte doch der Norm entsprechen...
...und mit neun Monaten konnte der Sonnenschein dann endlich sitzen und alle hofften, es würde sich alles zum Guten entwickeln...

Die kleine Königin spürte, dass sich unter ihrem Herzen wieder neues Leben befand. Und so schrieb sie an diesem Tage in ihr Tagebuch:

„Du bekommst ein Geschwisterlein!
Wir freuen uns so sehr!
Ab heute werde ich beginnen, mit dem Ungeborenen zu reden, so wie ich es einst auch mit dir gemacht habe.

Ich möchte dir aber unbedingt noch etwas ganz Wichtiges mit auf den Weg geben:

Du darfst niemals glauben, dass du jetzt nicht mehr so wichtig bist für uns, nur weil wir ein neues Kind bekommen.
Du bist unser erstes Kind und das wirst du auf immer und ewig bleiben.
Wir lieben dich unbeschreiblich.
In unserem Herzen hast du einen ewigen Platz.
Dein Vater und ich, wir teilen unsere Herzen nicht auf, so wie einen Apfel und jeder bekommt ein Stückchen davon.
Die Liebe ist anders. Die kann man nicht teilen.
Sie ist einfach da und das ist wunderbar.
So wie du uns liebst und mir Papa in deinem Herzen keinen Platz wegnimmt, so nimmt dir dein Bruder oder deine Schwester keinen Platz weg.
Ihr seid unsere Kinder – unser Ein und Alles!
Und wenn wir später vielleicht noch ein oder zwei Kinder zu Euch dazubekommen, dann haben wir auch für diese Platz und lieben dich oder jemand anderen dafür nicht weniger und nicht mehr.

Ich werde dir jeden Tag deines Lebens sagen, dass ich dich liebe.

Es wird kein Tag vergehen, an dem ich nicht in deine Sternenaugen blicken werde und dafür dankbar bin.
Du bist in mein Herz und in meine Seele geschrieben.
So lange ich lebe und ich glaube, sogar darüber hinaus!"

Und mit eineinhalb Jahren konnte der Sonnenschein noch immer nicht gehen und Vater und Mutter fuhren nach Linz zur Abklärung...
...und dann war da dieser Oberarzt, der das Mädchen ansah und sofort einen Namen für dieses Krankheitsbild hatte:
Mukopolysaccharidose

Und dann hörte die Welt auf sich zu drehen und die kleine Königin konnte gar nichts mehr begreifen...
...nicht den Himmel und nicht die Erde.
Sie war gefangen im Land der Verzweiflung.

Am Tisch lag dieser schreckliche Untersuchungsbefund der Gen-Analyse:
Mukopolysaccharidose.
Unheilbar.
In frühester Kindheit zum Tode führend.
Stoffwechselerkrankung.
Erblich bedingt.
Schwerste Verlaufsform.
Körperlich behindert.
Geistig behindert.

Und die kleine Königin war doch schon wieder schwanger, hochschwanger, und was wäre denn, wenn dieses Kind auch wieder so krank wäre...?

Und um nicht auf der Stelle tot umzufallen, hat sich die kleine Königin eingeredet, das sei doch alles einfach gar nicht wahr...
...morgen, ja morgen schon, wird sie aus diesem Alptraum erwachen...

Fünf Tage später kam ihr kleiner Prinz zur Welt.
Vor Kraft strotzend und aus Leibeskräften schreiend und boxend und mit funkelnden Sternen in den Augen....
...die Eltern sahen soviel Unterschied zwischen ihren beiden Kindern und als sie nach vier Wochen den Befund erhielten, der Prinz wäre gesund und hätte diese Stoffwechselerkrankung ganz sicher nicht, da waren sie nicht wirklich überrascht ...
...nur unendlich froh...
...und trotzdem so unbeschreiblich traurig, denn ihr Sonnenschein war krank...

Die kleine Königin und ihr Märchenprinz wollten nicht glauben, dass ihr Sonnenschein dem Tode geweiht wäre, denn sie lachte so viel und plötzlich konnte sie auch mit Anhalten gehen und außerdem...
...die Ärzte wissen ja gar nicht, dass die Liebe Flügel verleiht und ihr Kind wird sicher gesund...
...es wäre doch alles nur ein fataler Irrtum...
...ein böser Traum...
...ihr Sonnenschein ist nicht geistig behindert und ihr Sonnenschein wird alles aufholen und alles wird gut...

Die kleine Königin kämpfte Tag und Nacht um die Gesundheit ihres kleinen Sonnenscheines.
Sie bettelte und versuchte, mit dem Himmel zu verhandeln.
Sie war zornig und sie schickte Gott nicht nur einmal zum Teufel.
Sie flehte ihre Himmelsmutter an und schrie ihr ins Gesicht:
„Warum?"

Sie konnte und wollte das alles nicht verstehen:
Warum hat sie selbst als Kind überlebt?

Warum?
Damit sie ein Kind gebar, um dieses dann zu Grabe zu tragen?
Was ist das für eine Welt!
Was ist das für ein Himmel!

Eines Tages gab die kleine Königin ihren Kampf auf.
Sie akzeptierte das Unvermeidliche.

Mal gelang ihr dies besser, dann wieder schlechter.
Ging es dem Sonnenschein gut, so war sie unendlich traurig, dieses Kind schon bald begraben zu müssen.
Ging es dem Sonnenschein schlecht, weil die Nieren nicht richtig arbeiten konnten oder zum unzähligsten Male das Eiter aus den Ohren floss und der Schleim sie zu ersticken drohte, so war die kleine Königin noch trauriger.

Der kleine Sonnenschein war wirklich sehr krank.
Die Krankheit zerstörte all ihre Zellen und es wurde täglich schlimmer.
Die Knochen verformten sich, die Augen wurden trüb.
Sie konnte nicht mehr gut hören und später nur mehr breiige Nahrung zu sich nehmen.

Sie konnte nie sprechen.
Sie konnte nicht laufen und springen.

Und doch konnte der kleine Sonnenschein so viel:
Sie konnte lachen.
Sie hatte soviel Freude.
Sie war so tapfer.
Sie liebte die kleine Königin und umarmte sie mit ihren verformten Händen.
Und wenn der kleinen Königin wieder einmal alles zu viel wurde, schmiegte sich der Sonnenschein an ihr Herz.
Sie holte mit tapsigen, kleinen Schritten die Taschentücher vom Badezimmer und trocknete damit die Tränen ihrer eigenen Mutter, solange bis diese wieder lachte.
Dann freute sie sich sehr, wenn die Mutter wieder lachte.
Der Sonnenschein küsste zur Belohnung ihre Mutter und strich ihr übers Haar.
Sie wartete auf ihren Vater vor dem Haus und klatschte in die Hände, wenn das Auto um die Ecke bog...
Sie brachte ihm die Zeitung zum Lesen und sie holte den Rucksack, wenn sie eine Radtour mit ihm machen wollte…
Sie liebte ihre Puppen und umsorgte sie selbst wie eine Mutter.

Sie liebte ihren Bruder über alles und streichelte ihm ständig übers Haar.
Sie wischte „ihrem Baby“ die Essensreste behutsam vom Mund und tätschelte seinen Bauch.

Als der kleine Prinz schon gehen konnte, nahm sie ihn bei der Hand und zeigte ihm, wie man den Ofen in der Küche einschalten konnte.
Sie zeigte ihm, wie man die Katze füttert und sie brachte der kleinen Königin Windeln zum Wickeln, wenn es nötig war…
…bei ihr oder bei ihrem Bruder.
Sie konnte sitzen und sie konnte ein bisschen gehen und sie konnte mit dem Dreiradler durch das Haus rasen, mit dem kleinen Bruder um die Wette.
Und wenn sie Hunger hatte, dann holte sie den Kochtopf aus dem Küchenkasten und knallte diesen auf den Boden.

Als der kleine Prinz zwei und der Sonnenschein fast vier Jahre alt waren, hatten sie in etwa die gleiche Körpergröße.
Fremde Menschen hielten sie für Zwillinge – und die kleine Königin dachte:
„Ja, jetzt habe ich tatsächlich Zwillinge!“
„Beide können nicht sprechen, beide sind zu wickeln, beide sind zu füttern.“

„Und beide lehren mich, was wirklich wichtig ist im Leben!“

Die kleine Königin hatte sehr viel Freude mit ihren Kindern.

Der kleine Prinz war – so wie ihr Märchenprinz - auch im Sternzeichen Waage geboren.
Er brachte mit seiner unbändigen Kraft und Energie auch viel Kraft und Energie zu der kleinen Königin zurück.
Er konnte gut mithelfen, das Leben der kleinen Königin in der Waage zu halten.

Die Tage der kleinen Königin waren ausgefüllt mit viel Arbeit:
Viel Erklären, viel Krankenschwester sein, viel Lieben, viel Waschen, viel Spielen.
Viel Kochen, ein Kind links vom Ofen, ein Kind rechts vom Ofen und beide ungeduldig, weil die Palatschinken nicht schnell genug in der Pfanne braun wurden.
Oder weil der Schokoladenpudding im Suppenteller nicht schnell genug kalt wurde und doch schon so köstlich duftete…der mit der gedünsteten Birne darunter!

Ein Lächeln huscht der kleinen Königin über's Gesicht.

„Ich bin glücklich: Meine Kinder bekommen von mir den besten Pudding der Welt! Sie müssen ihn nicht alleine in einem Heim essen. Sie können ihn mit mir gemeinsam essen!“
Und dann füttert sie ein Kind mit der linken Hand und ein Kind mit der rechten Hand…

Der kleine Sonnenschein kann sich im Freien nicht gut bewegen.
Sie fürchtet sich und es ist alles so anstrengend für sie.
Jede Bodenunebenheit lässt sie leicht stolpern und sie hat doch keine Kraft um sich rechtzeitig abzustützen oder sich wieder von alleine aufzurichten.

Deshalb bringt die kleine Königin ganz viel Natur zu ihrem Sonnenschein.
Im Winter trägt sie Schnee in die Küche und die Kinder haben Plastikschürzen um und schneiden auf großen Tabletts den Schnee in kleine Stücke, lassen ihn in der Hand zergehen und formen kleine Schneemänner.
Und manchmal – schwupps – ist ein kleiner Eisbrocken auch flugs in den Mund gewandert – grinsend und schmatzend!

Im Herbst sammelt die kleine Königin Kastanien und gibt sie in die leere Badewanne. Beide Kinder wühlen gerne in den braunen, kühlen, glänzenden Kugeln!
Sie sammeln trockene Blätter und lassen sie die Stiege hinunter fallen, wie Blätter die der Herbststurm vom Baum weht...
Die kleine Königin findet große Käfer und Spinnen und zeigt sie ihren Kindern, bevor sie die Tiere wieder in die Freiheit entlässt.
Sie bringt ihnen eine Blindschleiche im Kübel, lässt sie sie streicheln und sehen dabei zu, wie die Katze deswegen pfauchend Reißaus nimmt!

In die trockene Badewanne kann man auch schwarzen Sand aus Teneriffa geben.
Das ist dann wie Urlaub am Meer!
Der Sonnenschein lässt immer und immer wieder Sand durch ihre Finger rinnen und schüttet diesen von einem Becher in den anderen.

Manchmal ist die kleine Königin wirklich am Ende ihrer Kräfte.
Zum Beispiel wenn sie um ein Uhr nachts schon elf Mal aus dem Schlaf gerissen wurde, weil der Sonnenschein aufschreit…und niemand erraten kann „warum“.
Sie kann es ja nicht sagen, warum?

Nach fünf Jahren Muttersein ist die kleine Königin schon oft sehr erschöpft und ausgelaugt und manchmal denkt sie:
„Wie lange muss ich das denn noch ertragen?“
Und hat dabei das schlechte Gewissen…
“Wie kann man so etwas auch nur denken?“, schimpft sie sich selbst.
„Schuld“, hämmert es da in ihrem Kopf.

Eines Nachts stirbt der kleine Sonnenschein fast.
Sie hat Angina mit hohem Fieber und an Schlaf ist nicht zu denken.
Das Kind in den Armen der kleinen Königin wird unnatürlich schwer und der Kopf des kleinen Sonnenscheins wiegt Tonnen.
Das Kind hat die Augen geschlossen und hört auf zu röcheln.
Die kleine Königin beginnt entsetzt zu Schreien und schüttelt ihr Kind.

„Du darfst nicht sterben!“, brüllt sie in die Nacht hinein.
Und damit beginnt das Kind in ihren Armen wieder zu röcheln!
Und trotzdem ist es gespenstisch still.
„Irgendetwas ist anders“, spürt die kleine Königin.
„Ich bin anders“.
„Ich bin vor Angst beinahe gestorben“, denkt sie.

„Und ich habe es nicht geschafft, sie gehen zu lassen!“

Der kleine Sonnenschein erholt sich wieder, die Medizin hat gut gewirkt.

Die Erdenmutter hat der kleinen Königin Unterstützung gegeben, wann immer diese das annehmen wollte.
Und wenn die kleinen Kinder der kleinen Königin sehr krank waren und es tage- oder manchmal wochenlang drunter und drüber ging, dann war es nachher an der Zeit, wieder ein bisschen aufzutanken und Kraft zu sammeln – der nächste Krankheitsschub stand ja sozusagen schon vor der Türe.

Die kleine Königin hat dann ihren Sonnenschein für einen Tag und eine Nacht und manchmal sogar für einen zweiten Tag in die Obhut ihrer Erdenmutter gegeben.
Das war immer besonders schön, für alle. Der kleine Sonnenschein strahlte über das ganze Gesicht: Bei der Oma war alles ebenerdig, keine Stufen und auch im Garten war es viel leichter zu gehen, wie zu Hause! Oma hat den ganzen Tag nur Zeit für den Sonnenschein gehabt und das hat sie sehr genossen!
Oma war nicht übermüdet und gereizt, sie hat unendlich viel Zeit für ihre Enkeltochter gehabt. Und sie haben nicht nur einmal den besten ausgezogenen Apfelstrudel gemacht, einen solchen, in den man Löcher bohren kann…

Und die anderen Großeltern haben sich inzwischen rührend um den kleinen Prinzen gekümmert.
Es war gut aufgeteilt, es hielt sich die Waage, und die kleine Königin und ihr Märchenprinz konnten wieder Luft holen.

Eines Tages also brachte die kleine Königin ihren Sonnenschein zu ihrer Erdenmutter.
Dort wartete schon startklar der gut gepolsterte Dreiradler auf sie und der

Kinderwagen, der immer auch von all den vielen anderen Enkelkindern benutzt wurde...

Die kleine Königin küsste ihr Kind, streichelte ihr über den Kopf und stieg ins Auto. Und obwohl der kleine Sonnenschein lachte und ihre Hand zum Winken hob, war da etwas in ihren inzwischen schon so trüben Sternenaugen, das die kleine Königin nicht deuten konnte.
Die Augen erzählten der kleinen Königin etwas, das sie nicht entschlüsseln konnte...

Der Märchenprinz und die kleine Königin fuhren mit dem Motorrad weg – weg vom Alltag und genossen das Alleinsein!
Nachmittags – sie waren schon einige Stunden unterwegs – rief die kleine Königin bei ihrer Erdenmutter an und wollte wissen, ob alles in Ordnung sei und es dem Sonnenschein denn auch gut gehe...

...aber dem kleinen Sonnenschein ging es gar nicht gut.
Sie war so unendlich müde...
...und das Atmen war wieder einmal so furchtbar anstrengend...

Sofort machten der Märchenprinz und die kleine Königin kehrt, gaben Gas und eilten zu ihrem Kinde...
Und nur mehr 15 km weit weg vom Erden-Großmutter-Haus hat die kleine Königin es gespürt...
...sie hat ihrem Märchenprinzen zum Verstehen gegeben, langsamer zu fahren, es wäre ohnedies zu spät...
...ihr Sonnenschein sei gerade in den Himmel gegangen...

Und schon zehn Minuten später stürmten beide in das Haus der Erdenmutter, doch da hatte ihr Kind wirklich vor wenigen Minuten den letzten Atemzug gemacht...
...ihr Sonnenschein hat die Ärmchen ausgebreitet und ihre Seele ist wie ein bunter Schmetterling in den Regenbogen geflogen...

...gerade noch rechtzeitig bevor Mutter und Vater kamen!

Vater und Mutter knieten vor ihrem toten Kinde zu Boden.
Es war, als schliefe ihr Sonnenschein doch nur.
Ihre Wangen waren ganz warm und sie hatte direkt ein Lächeln auf den Lippen.
Ihre Füße waren sogar warm und ihre Füße waren sonst immer kalt!

Die kleine Königin konnte den Himmel nicht verstehen und nicht die Erde:
Wie kann der Tod so friedlich sein für ihr Kind?
Und wie kann der Tod so entsetzlich sein für Vater und Mutter?

Der Sonnenschein ist also einfach zurückgegangen, von dort wo sie einst kam...am Geburtstag des großen Bruders der kleinen Königin, der ihr auf ihrem Heimweg gemeinsam mit der Erden-Großmutter die Hand hielt...

In diesen Stunden waren viele Menschen im Haus der Erden-Großeltern.
In das Weinen der Erwachsenen mischte sich das Lachen der Kinder und auch die Eltern des Märchenprinzen konnten Abschied nehmen...

Und als die kranke Körperhülle des Sonnenscheines kalt wurde, hat die kleine Königin ihr Kind in den Sarg gebettet.

In einen hellen Kindersarg, ausgelegt mit weißem Stoff und sie hat ihrem Kind ihr Schmuse-Entchen zum Kopf gekuschelt, damit sie auch gut weiterschlafen könne…

Es war schon Nacht, als die kleine Königin mit ihrem Märchenprinzen und dem kleinen Prinzen nach Hause fuhr.
Es war ungewöhnlich leer im Auto – ihr Sonnenschein fehlte.

Und als das Begräbnis war, wünschte sich die kleine Königin, dass die Menschen nicht Schwarz trugen, Schwarz sei doch die Farbe der Trauer und sie sei nicht so furchtbar traurig, denn ihrem Kinde ginge es jetzt doch viel besser wie auf Erden...

Und die kleine Königin wusste, was sie ihrem Kinde schuldig war und vor dem kleinen Kindersarg stehend sprach sie mit fester Stimme:

„Meine kleine Natalie - unser aller Sonnenschein

Du hast uns gelehrt was wichtig ist im Leben
– Liebe -
Du hast uns gelehrt,
den Augenblick zu genießen.
Du hast uns gelehrt,
über uns selbst hinauszuwachsen.
Du bist unser Lebensmensch und
Du hast uns mit Deiner Fröhlichkeit beschenkt.
Natalie wir danken Dir,
dass du unsere Herzen geöffnet hast
und dass Du so viel Liebe
in unsere Familie gebracht hast.
Du hast Deine Arbeit getan und es liegt an uns
so tapfer zu sein wie Du!“

Als die Männer den Sarg aus der Kirche auf den mit Sonnenschein durchfluteten Friedhof bis hin zum ausgehobenen Grab trugen, da wusste die kleine Königin, dass sie genau dies schon einmal gesehen hatte…
…damals bevor die Lifttüre sich schloss und die Rettungsmänner ihr neugeborenes Kind fort trugen…

Die kleine Königin hatte plötzlich so unendlich viel Zeit. Erst jetzt wurde ihr bewusst, wie viel Handgriffe nicht mehr zu tun waren, jetzt, da ihr Sonnenschein ihre Fürsorge nicht mehr benötigte…

Die Tage waren noch länger wie bisher…
…und die Nächte waren noch schwärzer wie bisher…

Die kleine Königin träumte, ihr halbverwestes Kind wolle aus dem Sarg zu ihr kommen, aber sie schaffte es aus eigener Kraft einfach nicht.
Und die kleine Königin war in ihren Träumen ein böses Monster:
Sie schlug den Deckel wieder zu!
Wenn die Sehnsucht nach ihrem verstorbenen Töchterlein wieder besonders arg war, dann dachte die kleine Königin manchmal, dass es doch wirklich barmherzig vom Himmel wäre, ihr eigenes geschundenes Herz ruhen zu lassen und auch in den Regenbogen aufsteigen zu dürfen…

Doch der Wind flüsterte ihr zu:
„Kleine Königin, du musst zuerst deine Sterne einsammeln, ohne Sterne kannst du nicht in den Himmel kommen!“

Die kleine Königin war verzweifelt – wo sollte sie ihre Sterne denn jetzt noch finden?
Ihren Stern hat sie begraben und was sollte sie ihrem kleinen Prinzen antworten, wenn dieser wissen wollte:
„Warum war denn Natalie so krank?"
„Warum hat denn Natalie sterben müssen?"
Und der kleine Prinz begann zu weinen und zu stampfen und schrie, dass seine Schwester jetzt nicht mehr tot sein solle, weil er sie endlich wieder streicheln will!

Die kleine Königin versuchte tapfer zu erklären, dass die Sonnenschein-Schwester doch im Himmel sei.

Und als spüre der kleine Prinz auch all den Kummer seiner Mutter, konstruierte er eine Lösung:
„Papa soll eine ganz lange Leiter bauen,
eine Leiter bis zum Himmel - und ihr dann runter helfen!"
„Oder einen Lift bauen, dann muss sich Lilly gar nicht plagen!"
Und wenn der kleine Prinz sagte: „Ich will auch tot sein, dann bin ich bei ihr", dann hatte selbst die kleine Königin keine Worte mehr und auch keine Tränen mehr und auch sie wollte am liebsten tot sein!

Irgendwie ging das Leben doch weiter.
Auf und Ab.
Ein Tag Licht.
Ein Tag Schatten.
Es hat sich in der Waage gehalten.

Die kleine Königin begann, viel mit ihrer verstorbenen Tochter zu reden.
Am Friedhof und eigentlich auch sonst überall.
Es waren nicht wirklich Worte, sondern ihrer beiden Seelen hatten den Gedanken zueinander wieder gefunden und langsam begannen die Wunden zu heilen.

Und trotzdem suchten das Herz der kleinen Königin auch immer wieder Tage voller Schatten heim.

In schlaflosen Nächten und in schwarzen Tagen hat sich die kleine Königin ihre Sehnsucht auf von Tränen aufgeweichtes Papier geschrieben, dabei Trost gesucht und gebeten, den kommenden Muttertag ertragen zu können:

Muttertag

„Sei nicht traurig, kleines Töchterlein,
weil Du mir heut' kein Gedicht aufsagen kannst.

Sei nicht traurig, kleiner Sonnenschein,
weil Du Deine Ärmchen heut' nicht um meinen
Hals legen kannst.

Sei nicht traurig, kleiner Liebling,
weil Du mir heut' keinen Kuss geben kannst.

Sei nicht traurig, liebes Kind,
weil Du mir heut' keine Blumen pflücken kannst.

Sei nicht traurig, denn:

Ich bring Dir die Blumen heut',
ich schreib für Dich das Gedicht heut',
ich umarme Dich heut'
hier an Deinem stillen Grab.

Sei nicht traurig, Kleines,
weil ich heut' so traurig bin!"

Einmal war ein doppelter Regenbogen direkt über dem Haus der kleinen Königin zu sehen.
Die kleine Königin staunte und ihr Stirnauge sah, wie ihre Sonnenschein-Tochter am höchsten Punkt des Regenbogens Purzelbäume schlug!
Sie nahm den kleinen Prinzen an der Hand und zeigte ihm die Schwester am Regenbogen!
Und alle drei winkten sich zu und es war gut so wie es war…
In diesem Jahr gab es noch viele, viele Regenbögen.
So viele, wie die kleine Königin in ihrem Leben zusammen noch nicht gesehen hatte.
Und einer war schöner wie der andere.

Auf und Ab.
Ein Tag Licht.
Ein Tag Schatten.
Es hat sich in der Waage gehalten.

Die kleine Königin hat ein großes Herz.
Sie spürt, dass noch so viel neue Liebe in ihrem Herzen wartet und sie weiß ganz tief drinnen in ihrer Seele, dass sie noch einmal einem Kind das Leben schenken soll.

Sie ist hin- und her gerissen.

Was soll sie denn nur tun – diese todbringende Erbkrankheit schlummert doch in ihr und ihrem Märchenprinzen…

Und als die kleine Königin wieder einmal fast verrückt wird vor Sehnsucht nach ihrer verstorbenen Tochter und sie am liebsten mitten in der Nacht auf den Friedhof gegangen wäre, um mit bloßen Händen die Erde über dem Sarg aufzubuddeln, da weiß sie, dass sich etwas ändern muss, ansonsten wäre sie wirklich in Gefahr, den Verstand zu verlieren…

Ab und Ab.
Ein Tag Schatten.
Noch ein Tag Schatten.
Es hat sich nicht mehr in der Waage gehalten…

Die Statistik sagt, dass bei vier Kindern betroffener Eltern ein Kind an Mukopolysaccharidose erkrankt.
1 : 4
D. h., sie dürfte eigentlich noch zwei gesunde Kinder bekommen.
Und deswegen beschließt sie, schwanger zu werden.

Und am Tag nach der Empfängnis weiß die kleine Königin, dass neues Leben unter ihrem Herzen begonnen hat.

Sie trägt dieses Wissen in sich, wie ein Leuchtfeuer in einer stürmischen Nacht, jenes Feuer, das Ertrinkenden das rettende Ufer zeigt…

„Herzlichen Glückwunsch“, sagt der Doktor einige Wochen später.
Und wieder ein paar Wochen später heißt es:
„Sie wissen das aber schon, dass sie Zwillinge erwarten?“

Und die kleine Königin springt vom Untersuchungstisch, so als wäre sie von einer Tarantel gestochen worden.

„Mein Gott“, schreit sie.
„Mein Gott – nein - nicht Zwillinge, bitte nicht Zwillinge, denn einer ist krank!“

Die Ärzte versuchen, die kleine Königin zu beruhigen.
Doch diese Worte kommen nicht an.

Die kleine Königin verliert wieder einmal den Boden unter den Füßen.

Und sie beginnt, sich selbst Trost zu spenden:
„Schau nur, du hast dir immer Zwillinge gewünscht, jetzt bekommst du sie – es wird alles gut – du hast doppeltes Glück – du bekommst doppelte Freude für all das Leid das du durchgemacht hast – es wird alles gut – es ist alles gut!“
Und die kleine Königin freut sich und freut sich…und tanzt…
…und schiebt ihre Angst beiseite, sie möchte diese schlimmen Gedanken schon im Keim ersticken und trotzdem sagt ihr Bauch:
„Einer ist krank.“

Auf und Ab.
Ein Tag Licht.
Ein Tag Schatten.
Es hat sich in der Waage gehalten.

Und dann denkt die kleine Königin:
„Und wenn es noch einen Funken Gerechtigkeit auf Erden gibt, dann wird alles gut und meine ungeborenen Kinder sind gesund und ich bin glücklich bis ans Ende meiner Tage…“

Die kleine Königin ist in der 17. SSW und manchmal kann sie schon leichte Kindesbewegungen spüren.

Und man sieht ganz deutlich am Ultraschall:
Einer ist krank.
Der viel kleinere und beinahe regungslose von beiden ist krank.
Und beim nächsten Ultraschall:
Keine Herzaktivität mehr – tot!

Und die kleine Königin ist wieder einmal im Niemandsland angekommen:
Zum Leben zuwenig, zum Sterben zuviel!

Wie viel Kummer und Leid kann ein Mensch ertragen?
Wie viel Tränen kann ein Mensch weinen?
Wie viel Hoffnung kann einem Menschen verloren gehen?
Wie viel Trauer passiert, bis man nie mehr Lachen kann?
Wie viel Dornenstiche hält die Seele aus?
Wie oft kann ein Herz brechen?
Wann hört man auf zu atmen?
Kann man tot sein, auch wenn man funktioniert?
Wie lange dauert es, bis ein fast toter Mensch ganz tot wird?
Gibt es einen Gott?
Gibt es einen Sinn?
Wann ist auch der letzte Stern verloschen?

Die kleine Königin ist schwanger und trägt beides unter ihrem Herzen:
Das Leben und den Tod.
23 Wochen lang.

Und sie weiß, dass alles möglich ist.
Leichenvergiftung.
Gefahr für sie selbst und auch für den zweiten Zwilling.
Aber die kleine Königin war in diesen Wochen zu erschöpft und zu kraftlos, um sich auch noch mit Angst abzuplagen.
Sie hat einfach funktioniert.

Und je mehr Zeit verging und „nichts“ passierte und die kleine Königin wohlauf war und am Ultraschallbild der zweite Zwilling vor Freude strampelte und genüsslich am Daumen lutschte, um so mehr kam die Lebensfreude zurück.

„Unglaublich, wie regenerationsfähig der Mensch doch ist“, denkt die kleine Königin und weil die Kraft zurückkam, kam auch wieder diese unbeschreibliche Angst zurück…

Erst zwei Wochen nach dem errechneten Geburtstermin kam die kleine Prinzessin zur Welt.
Gesund, aber ganz blau im Gesicht und ohne Schreien…und im Sternzeichen Zwilling geboren…

…und die kleine Königin verlor den Boden unter den Füßen, als man ihr am nächsten Tag die kleine Prinzessin nicht ans Bett bringen konnte, weil diese doch so hohes Fieber hatte…

Und trotzdem war alles gut.
Alles war in Ordnung.
Es war alles trotzdem in bester Ordnung.

Die kleine Prinzessin hat funkelnde Sterne in ihren Augen.
Und die kleine Prinzessin ist völlig gesund.
Und die kleine Königin hat es in diesen Tagen bis in die Zehenspitzen hinein kapiert, dass sie ein Geschenk in ihren Händen hält, und was auch immer kommen mag:
„Es zählt immer nur der Augenblick!“

Der kleine Prinz und die kleine Prinzessin wuchsen und gediehen prächtig und brachten ihrer Mutter unzählige Sterne zum Sammeln.

Und als der kleine Prinz in den Kindergarten ging und man die kleine Königin fragte, ob sie den Nikolaus für die ganze Gruppe spielen möchte, sie könne das sicher gut, da hat sich die kleine Königin gefreut und sie spielte den Nikolaus mit Herzklopfen und blickte dabei ihrem kleinen Prinzen tief in die Augen…

Und als die kleine Prinzessin in den Kindergarten ging und man die kleine Königin fragte, ob sie den Nikolaus für die ganze Gruppe wieder spielen möchte, da hat sich die kleine Königin gefreut und sie spielte den Nikolaus mit Herzklopfen und blickte dabei ihrer kleinen Prinzessin tief in die Augen…

Die kleine Königin war glücklich, noch viel, viel glücklicher wie damals als 13-jährige Nikoläusin….und ihr Herz klopfte und ihr Bauch-Diamant funkelte und sie konnte viele Sterne aus vielen Kindergarten-Kinderaugen einsammeln…

Endlich wurde die kleine Königin ruhiger und ruhiger.
Niemand will ihr Böses.
Wirklich niemand will ihr absichtlich Böses!
Und doch traute sie manchmal dem Frieden nicht so ganz.

„Ich sollte meine Ängste ganz loslassen – auf die wirklich wichtigen Dinge im Leben habe ich ohnedies keinen Einfluss“, erkannte sie.
„Ich habe noch viel zu lernen und ich möchte noch viele Sterne auf Erden einsammeln.“
„Und mit Angst und Trauer im Herzen bückt es sich wirklich nicht leicht.“

Am Weltspartag holt die kleine Königin mit ihren beiden Kindern gasbefüllte Luftballons von ihrer Bank.
Es nimmt nicht nur jeder für sich einen mit, sondern zusätzlich noch einen.
Am besten einen rosaroten Luftballon!
Dann gehen sie die paar Schritte bis zum Friedhof, stellen sich an das Grab des Sonnenscheines und jeder drückt einen ganz dicken, fetten, lauten Kuss auf den rosa Luftballon.
Und dann fliegt dieser in den Himmel – direkt in die Arme ihres Sonnenscheines.

Und immer schlägt genau in diesem Augenblick die Turmuhr oder ein Schmetterling flattert herbei oder eine Brise Wind ist bei ihnen an diesem sonst so windstillen Tag oder die Amsel lässt ihr Lied erklingen…
…und sie alle wissen…
…der Kuss ist gut angekommen!

Sie kann ihrem Sohn in die Augen blicken, als dieser feststellt:
„Mama es ist gut, dass in 2 m Tiefe keine Kamera eingebaut ist."
„Ja, mein Prinz, es ist gut, dass wir das nicht sehen müssen, was sich da unten abspielt – ich möchte das auch wirklich nicht sehen müssen."
Es ist gut so wie es ist.

Die kleine Königin pflanzt am Grab ihres Sonnenscheines Schneerosen, aber diesmal ist es ein Gruß an ihre schon im Mutterleib verstorbene Tochter...
...und sie begießt die weißen Blüten mit ihren Tränen...
...und sie spricht mit ihren beiden Himmels-Töchtern.
Ein Tag Schatten.

Viele Tage Licht.
Und die Waagschale der Freude wog viel schwerer, als die der Trauer.

Der Traunstein erhebt sich immer noch vor dem Haus der kleinen Königin und sie möchte auf diesen Berg, der felsenfest am Boden steht und den, so scheint es, nichts erschüttern kann.

Und eines Tages wagt die kleine Königin mit ihrem Märchenprinzen den Aufstieg.
Und oft, sehr oft, hielt sie inne, weil ihre Lungen begannen furchtbar zu schmerzen und ihr der Kopf zu Zerspringen drohte.
Aber die kleine Königin hat nicht ein einziges Mal den Spray genommen.
Sie ist einfach immer und immer wieder stehen geblieben und hat ihrem Körper Zeit gegeben, sich wieder zu erholen.

Und dann hat sie das Gipfelkreuz berührt. Andächtig.
Mit ausgebreiteten Armen stand sie schweigend da und der kühle Wind liebkoste dabei ihre heißen Wangen.
Jetzt liegt also nach über 30 Jahren die Kinderheilstätte Gmundnerberg ihr zu Füßen.
Dankbar blickt sie hinunter:
„Gmundnerberg - ohne dich hätte ich das niemals geschafft. Ich hätte ohne dich weder überlebt, noch wäre ich so kräftig geworden!“

An diesem Abend sitzt die kleine Königin mit ihrer Familie auf der Terrasse – so wie schon Tausend mal zuvor.
Aber heute kann sie ihren Blick nicht nehmen, vom Traunstein, der in der Abendsonne glänzt.
„Ich habe es geschafft, ich habe es wirklich geschafft, ich war dort ganz oben!“
„Traunstein, es ist wunderbar, dich vor meiner Nase zu haben!“
Und sie nimmt genüsslich eine Gabel voll Tomatensalat.
Die kleine Königin liebt Tomatensalat.

Als die kleine Königin zu ihren drei Birken sieht, meldet ihr Stirnauge, dass der Platz darunter leer wirkt und dass dort etwas fehlt...
Sie bittet ihren Erdenvater, ihr doch ein Eichenholz-Marterl zu tischlern für den leeren Platz unter den Birken.
Die kleine Königin ist dankbar, dass ihr Leben so gelungen ist und sie so viel Schönes auf Erden hat...und die Himmelsmutter im Marterl ist in einen blauen Mantel gehüllt und blickt der kleinen Königin jeden Tag fest in die Augen...

Die kleine Königin hilft ihrer Prinzessin beim Socken-Stricken. Und sie freut sich, dass die Nadeln um die Wette klappern, denn sie hat keine kranke Haut mehr an den Händen und die Wolle verhängt sich nicht mehr in den wunden Rissen ihrer Finger, so dass der Faden sich rot färbt vom Blut ...
...die kleine Königin kann stricken, ohne dass es ihr dabei weh tut...
...so gut ist es ihr während ihrer eigenen Schulzeit nie gegangen...

Die kleine Königin und ihre Familie sind gerne Wandern.
Es ist dort so schön ruhig und atemberaubend schön, hoch oben am Berg.
Und sie wandern über den Bergkamm auf dem unglaublich viele Schmetterlinge von Blume zu Blume flattern.
Und die kleine Königin spricht zu ihrem Märchenprinzen:
„Unser Sonnenschein soll mir einen Schmetterling schicken, der sich auf meinen Fuß setzt und mir einen Gruß vom Himmel bringt…“ und schon wenige Schritte später, setzt sich ein orange-brauner Schmetterling auf den Wanderschuh der kleinen Königin.
Er bleibt dort lange sitzen und lässt sich auch durch's Gehen nicht wirklich erschrecken, er setzt sich immer wieder auf die Schuhbänder.
Erst als die kleine Königin die Hand nach ihm ausstreckt und ihn berührt, flattert er davon…

„Danke Sonnenschein, ich weiß, dass du ganz in meiner Nähe bist.“

Der Märchenprinz hat seiner kleinen Königin unter dem blühenden Kirschbaum einen Hängesessel montiert.
Da kann sie ihre Seele baumeln lassen und sich mit den Füßen vom Boden abstoßen.
Es ist beinahe so, als könnte sie fliegen...
...in das Tal und auf die Berge...

4. Kapitel

Die kleine Königin lernt fliegen

Es ist einen Tag vor Weihnachten.
Die kleine Königin schmückt den Christbaum.
Es wird wie jedes Jahr ein ganz bunter Baum.
Da gibt's uralte Kugeln und Strohsterne, und einen ganz besonderen, einen den die Erdenmutter vor vielen, vielen Jahren selbst gebastelt und ihrer Tochter für die erste eigene Wohnung geschenkt hat.
Dieser Stern hat einen besondern Platz am Christbaum, Jahr für Jahr.

Es ist ein altmodischer, ein von vielen Jahrzehnten angesammelter Erinnerungen strotzender Christbaum, mit ganz vielen Schätzen.
Es hängen Sachen drauf, die der kleine Prinz und die kleine Prinzessin im Kindergarten gebastelt haben. Oder später dann in der Schule, Sachen die man selbst gekauft hat, aus einer Laune heraus und viele, ganz viele Sachen, die man sonst noch irgendwo geschenkt bekommen hat.
Da hängen Dinge, die man von Menschen überreicht bekommen hat, denen man jetzt gar nicht mehr begegnet…

...und in Gedanken sind sie trotzdem da.
Es ist immer Zeit...
...um zu Vergeben oder um Verzeihung zu bitten...

Und während die kleine Königin ihren Christbaum schmückt, wird sie plötzlich traurig.
Sie weiß auch warum:
Sie kann morgen nur Päckchen für ihre beiden lebenden Kinder unter den Weihnachtsbaum legen!
Und das, obwohl sie doch so viele andere Päckchen auch noch in ihrem Herzen trägt!
Die vielen, vielen Päckchen, die sie ihren beiden verstorbenen Kindern in einem langen, gesunden Erdenleben doch auch noch geben wollte!
Es hätte da noch so viele Träume zu erfüllen gegeben und noch soviel an Hoffnung und Freude zu erleben gewollt!
Viel Spielzeug hätte die kleine Königin noch unter den Christbaum legen wollen und eine Schultasche für den ersten Schultag.
Die Karten für den ersten Ball hätte sie gekauft und später Taschengeld für eine Reise irgendwohin dazugelegt.

Und dabei wollte sie sein – beim Brautkleid aussuchen, wenn ihre Töchter es erlaubt hätten…und…und…und!
Aber diese Päckchen wollen die beiden Himmelstöchter doch gar nicht!
Denn sie haben alles, was sie brauchen!

In Wirklichkeit sind es die unerfüllten Wünsche des kleine-Königin-Mutterherzens, die sie so traurig machen.
Der kleinen Königin fällt es manchmal immer noch schwer, etwas zu akzeptieren, das sie so sicher nicht gewollt hätte.
Da gibt es viel Widerstand in ihr:

Sie wollte Ihre Tochter nicht begraben müssen.
Sie wollte ihr ungeborenes Kind nicht sterbend unter ihrem Herzen tragen müssen.
Sie wollte selbst nie so viel krank sein müssen.
Sie wollte nie auf Erholung fahren müssen.
Sie wollte nie fort von zu Hause sein müssen.
Sie wollte nie die kranken Augen haben müssen.
Überhaupt wollte sie von Anfang an niemals in dieser Haut stecken müssen!

Nein, das alles wollte sie ganz bestimmt nicht müssen.

Und so hat sie das doch auch alles überhaupt nicht geplant!
Und dann beginnt auch noch der Verstand mit ihr zu schimpfen:
„Du hast lebende, gesunde Kinder, zwei sogar, dass ist viel viel mehr, wie viele andere Menschen haben!“
„Du bist jetzt selbst sehr gesund und du bist wirklich undankbar!“
Und dann hämmert es wieder in ihrem Kopf: „Schuld!“

Und die kleine Königin fühlt sich klein und schuldig, undankbar und traurig und weint am Tag vor Weihnachten ganz bitterlich beim Christbaum-Schmücken.

Die kleine Königin tut sich selbst sehr, sehr leid und glaubt, wieder einmal im Niemandsland angekommen zu sein:
Da auf dieser Welt hat sie so unendlich viel – und dort im Himmel wartet doch auch so viel.
„Wo gehöre ich denn nur hin?“, flüstert sie verzweifelt.

Sie spürt den eisigen Wind vom Friedhof, mitten im warmen Wohnzimmer und er meint es gut mit der kleinen Königin und flüstert ihr zu:

„Lebe den Augenblick, kleine Königin, es ist das Einzige, das dir wirklich gehört!"

Und die kleine Königin flieht zu ihren lebenden Kindern, die die aus Fleisch und Blut sind und so unendlich viel Wärme abgeben…
…und ihr Märchenprinz legt seinen starken Arm um ihre schluchzenden Schultern.

„Das tut gut", denkt sich die kleine Königin, „das Leben tut gut!"

Die kleine Königin hat schon sehr viel gelernt.
Besonders, dass man ganz sicher nicht alles im Leben planen kann.
Und, dass man nachher (fast) immer klüger ist.

Und sie weiß auch schon, dass ihr auf Erden immer alles nur für eine unbestimmte Zeit geliehen ist.
Das Wesentliche ist immer ein geliehenes Geschenk.

Sie wird auch noch lernen, all ihre unerfüllbaren Träume und Wünsche endgültig und für immer in den Himmel zu schicken.

Sie kann nicht Unmögliches Möglich machen.
Auch wenn sie sich noch so sehr anstrengen und kämpfen würde, es gibt Dinge, die lassen sich nicht ändern!
Sie weiß das eigentlich schon, wäre da nicht immer noch manchmal dieser trotzige „Widerstand“.

Wenn die kleine Königin bis in die Zehenspitzen hinein gelernt hat, dass „müssen“ auch „annehmen“ oder „schenken“ heißen kann, dann wäre sie frei und könnte fliegen.

Immer wieder und schon ihr ganzes Leben lang, begegnen der kleinen Königin Menschen, die es wirklich gut mit ihr meinen. Sie hat da großes Glück.
Die kleine Königin glaubt schon lange nicht mehr an Zufälle, wohl aber, dass es Sinn macht, wenn einem etwas zu-fällt.

Und so ist sie auch nicht wirklich überrascht, als sie ihrer Eulenschwester begegnet.
Denn ihr Bauch und ihr Stirnauge haben ihr zugeflüstert, dorthin in die große Stadt zu gehen, an diesem Tag und zu dieser Fortbildung.
Die kleine Königin hat schon gelernt, dass es klüger ist, oft nicht nach dem „Warum“ zu fragen.
Es ist klüger, sich einfach sofort darauf einzulassen.
Ohne Widerstand. Denn sonst ist sie erst nachher klüger und ärgert sich darüber.

Da trifft die kleine Königin also ihre Eulenschwester.
Jemanden zu treffen, mit dem man sofort eine unerklärliche geistige Verbindung herstellen kann, wäre ja an und für sich nicht so sehr ungewöhnlich.

Nein, das nicht, aber da war noch viel, viel mehr.
Die Eulenschwester kann ihre Gedanken lesen.
Unglaublich, denkt die kleine Königin noch...und lässt sich fallen... und fallen... und fallen...in die Arme ihrer Eulenschwester.
Und lässt sich erzählen, von sich selbst, und...und...und

...und der kleinen Königin fällt es wie Schuppen von den Augen.
Und sie ist mutig und sie ist einsichtig und sie ist so wissbegierig.
Sie möchte es selbst so gerne glauben, dass es ein Leben ohne Kämpfen gibt und ein Leben ohne Widerstand. Sie hat so Sehnsucht danach, denn sie ist wirklich erschöpft vom vielen, vielen Kämpfen.

Sie nimmt ihre ganze Kraft und ihren Mut zusammen und lässt sich ein auf die Reise zu ihr selbst...

Und dann passieren die unglaublichsten Dinge...
...oder auch nicht unglaublich...
...jedenfalls ist die Eulenschwester ein Geschenk des Himmels!

Diese sieht die gewesenen Dinge im Leben der kleinen Königin und die kleine Königin hört Dinge, wo sie anfangs glaubt, die seien ihr aber völlig fremd (schon wieder Widerstand), und sie hört Dinge, als würde sie sie selbst erzählen.

Viel von dem was die kleine Königin bis jetzt als ihre Wahrheit hingestellt hat, wird da in Frage gestellt.
Nicht nur in Frage gestellt, nein, sondern sogar auf den Kopf gestellt!
Und mit all diesen Dingen beginnt sich die kleine Königin auseinander zu setzen.
Das ist Schwerstarbeit.
Schwerste Schwerarbeit.

Die Eulenschwester sieht auch, dass die kleine Königin Berge von Briefen verbrennen muss, damit diese Heil bringen können...
...und sie solle ihre Geschichte doch einfach in ein Heldenepos verwandeln und alles niederschreiben...Schreiben sei sehr gut für die kleine Königin, weiß die Eulenschwester...

Wieder zu Hause, begegnet die kleine Königin ihrer großen, echten Erden-Schwester und sie weiß, sie ist auch hier ganz und gar willkommen.

Und dann beginnt die kleine Königin zu klagen – stundenlang, viele Stunden lang weint sie über ihre kranke Kindheit.
Sie klagt die an, die so gesund waren und sie klagt die an, die bei den Eltern sein durften.
Sie klagt alle und sie klagt jeden an!
Und ihre große Erdenschwester hält das alles aus.
All die Anschuldigungen.
All die Eifersucht.
All die Enttäuschung.
All den Kummer.
All den Hass.
Die Erdenschwester hält die so verletzte kleine Königin im Arm, lässt sie klagen, beschönigt nichts, beschwichtigt nichts, hört zu und liebt die kleine Königin bedingungslos.
Stundenlang.
Sie wiegt die kleine Königin in den Schlaf.

Am nächsten Morgen ist nichts mehr, so wie es war.
Die kleine Königin fühlt sich leer.
Aber nicht unangenehm, eher erleichtert.
Die kleine Königin fühlt sich fremd.
Aber nicht unangenehm. Eher überrascht.
Die kleine Königin spürt keine Trauer mehr im Herzen.
Aber sie ist ganz sicher nicht himmelhoch jauchzend.

Die kleine Königin denkt ängstlich:
„Es ist fort. All die Verzweiflung ist fort."
„Ich blicke nicht gehetzt um mich."
„Niemand will mir Böses."
„Meine Herkunftsfamilie liebt mich unendlich."
„Ich bin nicht krank und arm. Ich bin unendlich reich."
„Ich bin vollkommen ruhig."
„Wer bin denn ich über Nacht geworden?"
„Ich erkenne mich nicht wieder."
„Ich muss mich komplett neu orientieren."

Schon ein paar Tage später geht die kleine Königin in den Keller.
Sie weiß ganz genau wo die rote Schachtel steht.
Die Schachtel mit den Briefen.

Die vielen hundert Briefe und Karten, die die kleine Königin zugeschickt bekam, wenn sie fort musste, weit fort von zu Hause.
Wenn sie wieder so krank war, dass sie nicht bleiben durfte, dann haben tausende Wörter ihrer Familie und Freunde sie in der Fremde erreicht.
Sie hat sie alle aufgehoben.
Alle Briefe hat sie aufgehoben.
Und doch seit mehr als 30 Jahren auch nicht einen einzigen Blick darauf geworfen…
…und sie hat doch der Eulenschwester überhaupt gar nichts von den vielen Briefen erzählt…
…die Eulenschwester hat viel gesehen, was war und was ist und was sein könnte…

Und am letzten Tag des alten Jahres setzt sich die kleine Königin hin und beginnt zu lesen. Als es Mitternacht wird, trägt sie einen großen Stapel an Briefen zum Lagerfeuer und verbrennt diese.
Das waren die Briefe ihrer Freundinnen.
Morgen, morgen wird sie die Briefe ihrer Erdenfamilie lesen.
Und sie weiß schon heute, dass morgen ein anstrengender Tag werden wird…
Schwerstarbeit.

Sie zählt 129 Briefe und Karten ihrer Herkunftsfamilie.
Und dann fängt sie an, die beschriebenen Blätter aus den Kuverts zu nehmen und sie faltet sie andächtig auseinander und sie beginnt nach über drei Jahrzehnten Wort für Wort zu lesen.
Stundenlang.

Sie kennt die Handschrift ihrer Mutter immer noch in- und auswendig. Sie glaubt, nicht nur die geschriebenen Wörter verstehen zu können, nein, die kleine Königin kann plötzlich auch die Gefühle der Mutter wahrnehmen.
Die Handschrift spricht zu ihr.
Da gibt es Karten, die sind ganz eilig geschrieben, schnell noch, bevor die Mutter die Geschwister-Schulkinder aufwecken muss oder aber es ist bereits elf Uhr abends.
Dort wieder finden sich ganze Seiten voll von Bemühungen, die richtigen Worte zu finden.
Dann muss Mutter unterbrechen, weil sich der kleine Bruder den Finger eingezwickt hat und Trost sucht…
Und unzählige Briefe der Erdenmutter enden mit Sätzen wie: *…sei aber wieder aller herzlichst gegrüßt und mit vielen Bussi bin ich immer Deine Dich liebende Mami* oder

...Dich tausendmal grüßend bin ich immer Deine Mutti.

Die kleine Königin findet zwei Briefe, in denen die Erdenmutter selbst gebastelte Strohsterne mitschickte. Sie kleben dort immer noch und blitzen hervor wie Kunstwerke der Liebe, so unendlich zerbrechlich und doch immer noch ganz unversehrt.
Zwischen den Strahlen steht geschrieben: *Mutti, Mama, herzlich, meine liebe Maria...*

„Die Erdenmutter hat also sogar versucht, mir die Sterne nicht nur zu zeigen, nein, sie hat sie mir sogar geschickt“, denkt die kleine Königin. In Wahrheit liegen da vor ihr keine Strohsterne, sondern Sterne vom Himmel.
„Diese Sterne werde ich nicht mit all den Briefen verbrennen, sie werden mich Jahr für Jahr daran erinnern, dass mir meine Mutter die Sterne vom Himmel geholt hat“, denkt die kleine Königin dankbar.
Ganz behutsam beginnt sie, die beiden Sterne mit einer rotgoldenen Schnur zu einem einzigen zusammen zu knüpfen.
Doch die Strahlen des einen zerbrechen in den Händen der kleinen Königin. Sie kann gar nicht so vorsichtig damit umgehen, dass nicht vier Strahlen abbrechen.

Die kleine Königin flicht trotzdem weiter und als sie damit fertig ist, sieht sie einen ganz besonderen Stern:
Denn ein großes Kreuz trägt jetzt einen hellen Stern.
„Die Krankheit hat Mutter und mich ein sehr schweres Kreuz tragen lassen. Nur der Stern der Liebe konnte das alles ertragen."
Und sie hängt das Sternenkreuz ganz achtsam an ihren Christbaum im Wohnzimmer.

Die kleine Königin findet auch einen Brief ihrer kleinen Schwester:
Maria, hast Du schon gefragt, ob ich bei Euch in den Ferien einen Platz bekomme? Ich würde mich sehr freuen!
...steht da geschrieben, auf einem Billett voll von Blumen - viel vom Schuldgefühl der kleinen Königin nimmt dieser Satz mit sich fort.
Die kleine Schwester wollte also auch ein bisschen freiwillig zu ihr kommen und musste nicht nur.
Das tut sehr gut, sehr gut, das zu Wissen!

Die kleine Königin findet viele Briefe ihrer großen Schwester. Und diese entschuldigt sich darin immerzu, weil sie so lange nicht schrieb.
„Und so viele Briefe liegen doch da vor mir", entgegnet die kleine Königin.

Was ist viel?
Was ist lange?
Wie unterschiedlich man doch die gleichen Dinge betrachten kann.
Die Dinge sind wirklich nicht immer so, wie sie scheinen.
Die in den-Schlaf-wiegende-Erdenschwester hat ihr allerkostbarstes Pferde-Briefpapier für den Brief an die kleine Königin verwendet.
Sie hat mir auf dem Kostbarsten, das sie hatte, geschrieben, erfährt die kleine Königin hier also nach so vielen Jahrzehnten.

Und es tauchen Zeichnungen auf vom kleinen Bruder. Ein Auto, eine Katze, ein Nikolaus und die Sonne.
Und drei grüne Sterne hat die kleine Kinderhand gezeichnet.
„Mein kleiner Bruder hat mir auch Sterne geschickt. Erdensterne am Himmel, grün wie die Erde“, denkt sie.

Der Erden-Vater hat auch geschrieben.
Auf der Schreibmaschine.
Ihr Stirnauge sieht ihn am Schreibtisch sitzen, noch bar fuß im Unterhemd am Sonntag-Morgen, und die Buchstaben auf der alten, klapprigen Schreibmaschine eintippen.

Der große Bruder hat versucht, seine kleine Königin-Schwester aufzuheitern, er hat Witze gesammelt und in seinen Brief geklebt.

Und dann war da noch dieser ganz alte Brief von 1972, adressiert an das Kinderheim in Tirol.
Die Erdenmutter bedankt sich für den schönen Brief, den mit den drei gepressten Enzian-Blüten und dem Alpenglöckchen.
Die kleine Königin kann sich im Herzen noch sehr gut daran erinnern, wie sie die Blumen gepflückt hat, auf der Wiese, der ein blauer Enzianteppich war, dort wo doch die Distel-Sterne vom Himmel gefallen sind...
Die Erdenmutter hat den Brief gerade noch rechtzeitig zum Muttertag in Händen gehalten, bedankt sie sich schreibend...

Mitten aus dem Stapel fällt ein weißer Brief.
Die kleine Königin bekommt Herzklopfen. „Warum nur, was ist mit diesem Brief", denkt sie, „das Kuvert schaut aus wie die anderen auch, er ist von der Erdenmutter. Einer von vielen."
„Warum nur beginnen meine Hände so zu zittern und warum nur schnürt es mir die Kehle denn gar so zu?"

Die kleine Königin muss tief einatmen und innehalten, bevor sie das Blatt Papier herausholen kann.
Als sie auf die Handschrift blickt, erschrickt sie bis ins Mark.
Der Tod schreit ihr ins Gesicht!
Sie ist entsetzt!
Sie spürt den Tod, aber nicht den ihren!
Sie spürt unbeschreiblichen Schmerz, aber nicht den ihren!
Die kleine Königin faltet den Brief auseinander und kann nicht zu lesen beginnen.
Von einer fremden Kraft getrieben, presst sie den Bogen Papier an ihr schmerzendes Herz und beginnt schluchzend zu Weinen.
Aber es sind nicht ihre Tränen, die sie da weint, es sind die Tränen ihrer eigenen Mutter.
Sie spürt förmlich das Leid der Erdenmutter!
Die kleine Königin durchlebt in diesen Minuten, wie damals das Herz ihrer eigenen Mutter vor Kummer zerbrach!

Dann ist der Spuk vorbei.
Die kleine Königin kann die Tränen fortwischen und den Brief genauer ansehen.
Sie ist vollkommen ruhig.
Die Tinte ist manchmal verschwommen und das trockene Papier wellig.

„Das sind die Spuren der Tränen meiner Mutter, denn das Muster haben nicht meine Tränen gezogen", stellt die kleine Königin sachlich fest.

„Nicht nur ich bin damals in der Hölle gelandet, meine Mutter ebenso."

Es ist so wie es ist.

Und obwohl der Verstand der kleinen Königin dies seit vielen, vielen Jahren wusste, so ist die Botschaft erst jetzt im Kinderherzen der kleinen Königin angekommen.
Das Datum zeigt:
Es war dies der allererste Brief, den die Erdenmutter an die kleine Königin an den Gmundnerberg geschrieben hat!

Alle aus ihrer Herkunftsfamilie haben alles getan, um die kleine Königin an ihrem Leben teilhaben zu lassen.
Alle haben alles gegeben und trotzdem hat alles allen so viel Kummer bereitet.

Es ist so, wie es ist.

Es ist schon Nacht.
Die Sterne funkeln vom Himmel und der Mond steht als Sichel hoch oben am Firmament, als die kleine Königin auch die letzte der 129 Nachrichten gelesen hat.
Sie geht hinaus in ihren Garten.
In der mit großen Steinen umrahmten Feuerstelle verbrennt sie alles.

Alle Briefbögen,
alle Karten,
alle Paketbriefe,
alle Kuverts,
beklebt mit wunderschönen, alten Briefmarken.
Schilling-Marken, Sondermarken, teilweise ungestempelt.
Einst waren dies ihre Schätze - glitzernde, schillernde Schätze.

Sie braucht sie nicht mehr, sie tauscht sie ein.
Gegen die Liebe.
Das Feuer brannte lichterloh und war sehr, sehr hungrig.
Der Rauch hat alles aufgelöst:
Den Schmerz, den Kummer, die Verzweiflung, die Wut, den Hass, die Trauer.
Alles hat sich in Luft aufgelöst.

Und während die kleine Königin ins Haus zurückgeht, weiß sie:
Es ist vorbei, der Alptraum ist endlich vorbei!
Nur die Liebe ist geblieben!

Es ist Neujahr. Es ist nicht nur der 1. Jänner am Kalender, nein, es ist auch Neujahr im Leben der kleinen Königin.

Am Morgen geht die kleine Königin in ihren Zaubergarten.

Über Nacht hat der Himmel ihren Garten mit Schneesternen übersät.
Sie liegen überall und die Sonne funkelt millionenfach am gefrorenen Teich.
Die kleine Königin wandert staunend umher und bleibt dicht am meterhohen Schneeballbaum stehen.
Seine roten Früchte sind mit unzähligen Kristallen überzogen und sie blickt daran vorbei hinab ins Tal und in die Weite.

Da hört sie Flügel schlagen.
Ganz leise, kaum vernehmbar und sie dreht den Kopf in diese Richtung.
Und dann sieht sie sie – mindestens 20 oder 30 Vögel, nur einen Armesbreit von ihr entfernt - sitzen sie im Strauch und picken die roten Beeren auf.

„Unglaublich“, staunt die kleine Königin! „Unglaublich, ich bin eingebettet in die Vogelschar, ich gehöre zu ihnen!“
„Ich bin nicht nur Mensch, ich bin mit allem und jedem verbunden!“

Und wie sie das noch denkt, „unglaublich“, fliegen wie auf Kommando alle Vögel lauthals zwitschernd davon.

„Jedes Mal wenn ich ungläubig bin, ist es vorbei“, denkt sie.
„Ich sollte lernen, es einfach anzunehmen. Ohne zu werten.“

Der Wind weht ihr um die Nase und sie spricht mit ihm:
„Erzähl’ mir was von Morgen“, bettelt sie.

„Hab Geduld kleine Königin, du wirst es bald genug erfahren.
Lebe immer nur im JETZT – jeder Augenblick ist das Kostbarste, das du hast!“

Die kleine Königin schmunzelt:
„Oh danke, schon wieder fast vergessen“, sagt sie und geht ins Haus und umarmt die, die sie liebt.
Jeder Tag auf Erden wird für jemanden in dieser Welt der letzte sein, weiß sie.

Die Sterne sind über ihr und die Sterne sind unter ihr und sie hat schon sehr viele Sterne im Herzen.

Die kleine Königin ist ständig von Sternen umgeben, sie sind immer und überall zum Greifen nah!

Als die kleine Königin Wochen später am Friedhof steht und sieht, was der Frühling da auf dem Grab ihrer Tochter Jahr für Jahr wachsen lässt, spürt sie tief in ihrem Herzen unendlichen Frieden.

„Es ist meine Entscheidung, mein freier Wille, wie ich mein Herz fülle: Fülle ich es mit Tränen und Leid und in nicht-in-Erfüllung-gegangene-Wünsche oder fülle ich mein Herz mit dem, was ich vor allem bin und auch habe:
Freude, Glück und Liebe.
Wem gebe ich in Summe mehr Platz?
Was wiegt schwerer?
Freud oder Leid?“

Sie hatte viel Glück damals, als sie erfuhr, dass ihr nicht viel Zeit bleiben würde, um ihre Sonnenschein-Tochter auf Erden zu lieben.
In diesem Wissen konnte sie die Zeit viel besser nützen.

Sie hatte viel Glück, denn sie durfte ihren Märchenprinzen, ihren Prinz und ihre Prinzessin schon sehr oft umarmen und diese Geschenke schon sehr lange behalten.

Sie hatte viel Glück damals, in ihrer Krankheit, sie hat erfahren, was es heißt, von Eltern und Geschwistern geliebt zu werden.

Sie hatte viel Glück damals, im Alleinsein.
Sie hat erfahren, dass es viele Dinge zwischen Himmel und Erde gibt, die sich nicht erklären lassen.

Die kleine Königin hat sehr viel Glück auf Erden, denn sie hat es verstanden, was es heißt frei zu sein:

„Lebe den Augenblick, es ist das Einzige,
das dir gehört!“

Die kleine Königin sieht auf das Grab, in das auch sie vielleicht einmal kommen wird.
Es ist kein schwarzes Erden-Loch, es ist ein Teppich voller Blumen:

Krokusse lila und weiß, rote Tulpen, gelbe Märzenbecher, Schneeglöckchen und Frühlingsknotenblumen, Schneerosen schon rosa gefärbt – eine solche Fülle an Blumen, dass sie beinahe schon übereinander wachsen.

„Das Leid kann sich verwandeln", liest die kleine Königin an den vielen Blumenköpfchen ab.

„Mein Leid treibt jetzt wunderschöne Blüten", denkt die kleine Königin.

Die kleine Königin lebt gern auf Erden.
Sie ist dort glücklich, denn

es ist schön,
die Sterne auf Erden einzusammeln.

Es ist schön,
...wie Phönix aus der Asche
emporsteigen zu können...